ここに
ヒントが
ある！

インクルーシブ教育システムを進める 10の実践

「インクルCOMPASS」で
強みや課題をみつけよう

NISE 編著 独立行政法人 国立特別支援教育総合研究所

はじめに

　我が国は、全ての人がお互いの人権や尊厳を大切にし、支え合い、生き生きとした人生を享受することのできる共生社会の実現を目指しています。この共生社会の形成に向けて、障害者の権利に関する条約に基づくインクルーシブ教育システムの理念が重要であり、そのためには、特別支援教育を着実に進めていく必要があります。通常の学級にも障害のある子どもや特別の支援を必要とする子どもが在籍している可能性があることを前提に、全ての教職員が特別支援教育の目的や意義、障害に関する知識や配慮等についての正しい理解と認識を深め、組織的な対応をすることが重要になっています。

　そこで、独立行政法人国立特別支援教育総合研究所では、「我が国におけるインクルーシブ教育システムの構築に関する総合的研究」（平成28〜令和2年度）の研究を通して、地域や園・学校におけるインクルーシブ教育システムの構築に向けた取組状況を把握し、さらに取り組むべき事項等が明確になる「インクルCOMPASS」を提案しました。「インクルCOMPASS」は、インクルーシブ教育システム構築の進捗状況について、他の地域や園・学校の取組と比較するためのものではなく、それぞれの地域や園・学校の取組の状況を把握し、課題を踏まえて、今後の取組の方向性を見出すことができるものとして検討を進めました。

　そして、研究協力機関の園や学校の協力を得て、「インクルCOMPASS」の活用によって、園・学校でのインクルーシブ教育システムの構築及び推進に向けた検討や主体的取組の事例を収集しました。

　本書では、「インクルCOMPASS」を活用して、インクルーシブ教育システムの構築及び推進に向けた自園・自校の取組状況を把握し、それぞれの園や学校が有している強みや課題等を明らかにし、今、できること・やるべきこと、目指すべき姿等を具体的に検討し、実践した取組を事例として紹介しています。

　現在、各地域や園・学校においてインクルーシブ教育システムの構築に向けた様々な取組がなされていますが、本書が主体的かつ創造的な取組を推進していくための一助となれば幸いです。

令和3年3月

研究代表者
独立行政法人国立特別支援教育総合研究所
インクルーシブ教育システム推進センター
上席総括研究員　星　祐子

もくじ

付録 「インクル COMPASS」、ナビゲーションシート

謝辞
研究体制

「インクル COMPASS」って？
－まずは使ってみよう！－

●「インクル COMPASS」って、なに？

「インクル COMPASS」は、地域や園・学校におけるインクルーシブ教育システム構築・推進に向けた取組状況を把握し、さらに取り組むべき事項を明確にするためのツールです。

「COMPASS」は、「**Com**ponents for **P**romoting Inclusive Education System and **Ass**isting Proactive Practices」（インクルーシブ教育システムを推進し、主体的取組を支援するための観点）の頭文字であり、インクルーシブ教育システム構築・推進に向けた今後の見通しや方向性をもつための「羅針盤」になるようにとの思いから、「COMPASS（コンパス）」と名付けました。

「インクル COMPASS」には、2つの目的があります。

---

① 園・学校のインクルーシブ教育システム構築を一層推進するために、自校（自園）**の現在の取組状況を把握し、今後取り組むべきことを検討する際のヒントを得る。**

② 現状の取組を振り返ることで、**自校（自園）の強みや課題を確認**する。

「インクル COMPASS」は、自校（自園）のインクルーシブ教育システム構築の取組を内省し、今後の見通しをもつためのものであり、他の園・学校の取組と比較するためのものではありません。

「インクル COMPASS」は、**7つの観点**で構成しています。

1．体制整備	2．施設・設備	3．教育課程

4．指導体制	5．交流及び共同学習

6．移行支援	7．研修

「インクル COMPASS」には、7つの観点の各項目について チェックを行うシートと全体の状況を俯瞰できるナビゲーション シートがあります。これらには、それぞれ、**「幼稚園・認定こども 園・保育所用」**、**「小・中学校、高等学校用」**、**「特別支援学校用」**が あります。これらの様式と使用方法に関する**解説リーフレット「イ ンクル COMPASS を使ってみよう」**は、本書付録にあります。また、 国立特別支援教育総合研究所ホームページからもダウンロードで きます。

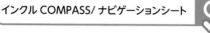

●「インクル COMPASS」を使うと、どんな効果があるの？

自校（自園）の強みを自覚することができる

「インクル COMPASS」のチェックを通じて、日常の実践で大切に していることが整理でき、自校（自園）の強みを自覚でき、これまで行っ てきた取組がインクルーシブ教育システムの視点から価値づけること ができます。

自校（自園）の強みを認識し、それを活かす、さらに進展させてい く視点をもつことで前向きに取り組んでいくことができます。

自校（自園）の課題を確認することができる

自校（自園）のインクルーシブ教育システム構築の現状を踏まえて 課題を明らかにす ることで、重点的に取り組むべきことを焦点化できます。

チェックの際には、取組の実施の有無に留まるのではなく、質的に深まっているかを 振り返ることも大切です。振り返りをすることで、見出された課題についてこれからどの ように取り組んでいけば良いか方向性が明確になり、より良い実践につなげていくため の改善策がみえてきます。

自校（自園）の本質的な課題を見出し、取組の方向性を明確にする

インクルーシブ教育システム構築のために何から取り組めば良いかわからない時に、 取組に優先順位をつけることで方向性を明確にすることができます。また、「これに取り 組もう（取り組みたい）」と考えている事柄があっても、なかなか着手できない状況にあ る場合、その背景にある根本的な課題に気づくことができます。

●「インクル COMPASS」は、こんなことにも使える！

「インクル COMPASS」は、インクルーシブ教育システム構築の 取組状況のチェックだけではなく、次のような活用も可能です。

◆校内（園内）研修会の企画の参考や研修用教材として

インクルーシブ教育システム構築・推進には、教職員一人ひとりがそれについて理解 を深め、組織的に取り組むことが必要です。

全教職員のインクルーシブ教育システムに対する理解を促していくために、研修で何 を取り上げる必要があるのか、そのポイントを押さえた研修内容を企画する上で、「イ ンクル COMPASS」は有効な手がかりになります。

また、「インクル COMPASS」で明らかになった自校（自園）の現状（課題と強み） を踏まえて、改善すべきことや発展させていきたいことを校内研修で取り上げることに より、教職員一人ひとりがインクルーシブ教育システム構築・推進において、どのよう な役割を担っていくべきなのかを具体的にイメージすることができます。

「インクル COMPASS」で明らかになった自校（自園）の課題と強みを基に今後の取

組を考えることで、当事者意識をもって 主体的に研修に参加することができるの ではないかと考えます。

本書 11 頁では、小学校と特別支援学校 の校内研修での「インクル COMPASS」 の使用例を紹介しています。

◆校内（園内）委員会での検討資料として

組織的にインクルーシブ教育システム構築・推進に取り組むためには、方針を明確に することが必要です。園・学校には、校内（園内）委員会といった特別支援教育に関わ る関係委員会や分掌が設置されています。こうした場で、校内（園内）の取組方針を決 定する際の検討資料として、「インクル COMPASS」は役立ちます。

事例 8（28 〜 29 頁）の小学校では、インクルーシブ教育システムに関する独自の簡 易なチェックリストを作成していました。「インクル COMPASS」は、こうしたチェッ クリストの項目を作成する際の参考になります。

◆学校経営計画（学校経営方針）の共有ツールとして

　園・学校では、異動等による教職員の
入れ替わりがあります。これまで取り組
んできた教育（保育）活動とそれを支え
る理念を継承する際に、取組の全容が視
覚化される「インクルCOMPASS」が役
立ちます。

　一方、取組が、形骸化してしまってい

ることもあります。「インクルCOMPASS」で「できている」と判断した取組について、「何
の目的で実施しているのか」という視点からあらためて振り返ることで、今後も継続し
て取り組むべきかどうかを判断することができます。

　また、年度末の校務分掌の振り返りとして「インクルCOMPASS」を使用し、その
結果を次年度の学校経営計画（学校経営方針）の見直しの資料として活用することも考
えられます。

◆特別支援学校での校内連携のツールとして

　特別支援学校には複数の学部が設置されており、学校によっては部門制であったり、
学部の校舎が分かれていたりします。学校組織として大規模であるために、校内連携の
難しさがあります。また、学校組織が大規模であると、個人が担当している以外の業務
や分掌については、意識が向きにくいかもしれません。

　「インクルCOMPASS」は、インクルーシブ教育システム構築・推進に向けた組織的
な取組について、各学部や各部門をこえた共通理解を図るためのツールとしても活用で
きます。

●「インクル COMPASS」の使い方−学校での具体例−

　学校現場では、どのように「インクル COMPASS」が活用されているのでしょうか？小学校と特別支援学校での使用例を紹介します。

小学校の例

STEP1

　校長、教頭、主幹教諭、特別支援教育コーディネーター等による「インクル COMPASS 検討会」を組織し、各メンバーがチェックを行い、その結果を検討会で共有して学校全体の取組状況について話し合いました。

STEP2

　ナビゲーションシートを使って、チェック結果全体を俯瞰し、学校の強みと課題を可視化しました。明らかになった学校の強みをさらに伸ばしていくための重点的取組の方策を検討しました。校内研修会で、全教職員とチェック結果を共有しました。

成果 !!

　「インクル COMPASS」によって、すでに校内で取り組んでいることが、インクルーシブ教育システムの視点から価値づけられました。また、教職員があらためてインクルーシブ教育システムに関する基本事項を確認する契機にもなりました。

特別支援学校の例

STEP1

　校内の情報共有システムを使用して、全教職員で「インクル COMPASS」のチェックを行いました。チェック結果について、管理職や教諭等の職責別、各部門の教諭別に集計しました。その結果、個人が担当している業務には意識が向いているものの、そうでない業務には意識が向きにくく、担当者に取組が委ねられていることがわかりました。

STEP2

　集計したチェック結果を全教職員で共有し、全員で重点的取組の具体的な方策を検討・共有するために、地域支援部が中心となって校内研修会を開催しました。事前に焦点化しておいた重点的取組について、各部門・学部ごとでグループ協議を行い、全体で共有しました。

成果 !!

　校内研修会を通じて、部門や学部を超えて自校のインクルーシブ教育システム構築・推進に関わる取組の意義を確認し、さらに発展的に取り組むべきことを共有することができました。

インクルーシブ教育システムを進める 10の実践

ここでは、「インクル COMPASS」によるチェックを行ったことで見出された園・学校の強みと課題に関わる実践を紹介します。また、インクルーシブ教育システムを推進する上での取組のポイントを示しています。

それぞれの強みや経験を活かそう
－特別支援教育コーディネーターの配置の工夫－

キーワード 特別支援教育コーディネーター、複数配置、「個」と「集団」の視点

　特別支援教育を推進するためには、特別支援教育コーディネーターの役割がとても重要になります。特別支援教育コーディネーターには、「学校内の関係者との連絡調整」「ケース会議の開催」「外部の関係機関との連携調整」「保護者に対する相談窓口」等の様々な役割が求められています。

　園・学校で発達障害をはじめとして特別な支援を必要とする子どもへの気づきが高まる中、特別支援教育コーディネーターの役割への期待も大きくなり、それに伴い業務が増えていませんか？特別支援教育コーディネーターが、業務に専念できるようにするための専任化、あるいは、業務の負担を軽減するために特別支援教育コーディネーターの複数名の配置が求められています。

　この事例では、特別支援教育コーディネーターの複数配置にあたって、担当者のそれぞれの強みや経験を活かした工夫を紹介します。

●特別支援教育コーディネーターの機能を支える教育支援体制

　A小学校では、特別な支援や配慮を必要とする子どもへの対応の必要性が高まっており、年々、特別支援教育コーディネーターの業務量が増えています。こうした状況を踏まえて、特別支援教育コーディネーターを1名体制から2名体制にしました。

　生徒指導部に「特別支援教育校内委員会」を設置し、特別な支援や配慮を必要とする子どもへの支援に取り組んできました。また、通常の学級担任から、「特別な支援が必要な子どもについて、校内全体で共有する機会を設けて欲しい」との要望があげられたため、特別支援教育の経験のある管理職と特別支援教育コーディネーターが推進役となり、定期的に「チーム会議」を開催しています。さらに、外部専門家による巡回相談や各教育事務所に配置されている特別支援教育アドバイザーによる相談支援を活用しています。

　このように、特別支援教育コーディネーターが、学校において組織的に機能するための素地を築いてきました。

●特別支援教育コーディネーターの複数配置にあたっての工夫

工 夫 「特別支援学校での指導経験がある教員」と「通常の学級を担当してきた教員」との組み合わせで、特別支援教育コーディネーターを配置しました。

成 果

① 通常の学級を担当してきた教員は、特別支援教育で大切にされている「個に応じた指導」の視点から、子どもについて理解を深めることができた。

② 特別支援学校での指導経験がある教員は、「集団」の中での対応の難しさについて知ることができた。

③ 特別支援学校と通常の学級でのそれぞれの指導経験と専門性を共有することで、「個の視点」と「集団の視点」をもって校内支援にあたることができた。

④ お互いの意見を出し合うことで、独りよがりの考えに陥らなくなった。

⑤ 役割分担して業務を進めることで個々の負担を軽減することができ、安心して業務を行うことができた。

役割分担で
負担を軽減！

相談・
協力して
安心！

■取組のポイント —ここを参考にしよう！—

　特別支援教育コーディネーターには、様々な役割が求められています。この役割を担うためには、特別支援教育に関する専門性が欠かせません。しかし、学校全体で特別支援教育に取り組むためには、特定の先生の専門性だけに頼るのではなく、人材育成の視点をもつことも大切です。

　特別支援教育の経験のある先生と通常の学級での指導経験が主である先生とをペアリングしたことで、それぞれの強みや経験を活かして協力し合うことができ、個々のコーディネーターの負担が軽減されました。そして、このことは、何よりも校内支援体制の充実につながりました。

事例 2 研修は大事とわかってはいるけれど、時間がない！
－限られた時間での校内研修の工夫－

キーワード　校内研修会、短時間での研修、校長のリーダーシップ、校内の相談窓口

　特別支援教育の推進のためには、全ての教員が特別支援教育に関する一定の知識や技能を有していることが不可欠です。このため、校長には、特別支援教育コーディネーターを中心として校内研修会を計画し、教職員の障害への理解や特別な支援を必要とする子どもへの指導・支援に関する専門性を高めていくことが求められています。

　しかし、学校では、授業の準備、生徒指導、部活動の指導、様々な会議等により、研修のために新たな時間を捻出することが難しい状況にあります。

　教員においては、特別な支援や配慮を要する子どもへの対応の困難さから研修の必要性を感じているものの、多忙な日々の中で「そんな時間はないよ…」というのが正直な気持ちではないでしょうか？

　この事例では、校長のリーダーシップのもと特別支援教育コーディネーターが中心となり、限られた時間の中での校内研修会の工夫について紹介します。

●校内の組織的な教育支援体制と校長のリーダーシップ

　B中学校では、管理職、教務主任、生徒指導主事、学年主任、特別支援学級担任、養護教諭、スクールカウンセラー、特別支援教育コーディネーターによる特別支援教育推進委員会を設置し、定期的に発達障害のある子どもについて情報共有を行っています。また、校長自らが校内掲示等を通じて「個人を尊重し、子ども同士が共感し合うことの大切さ」を積極的に伝えています。

●限られた時間の中での校内研修会の企画・実施

　通常の学級担任は、特別支援学級の子どもや特別な支援を要する子どもへの対応には協力的です。しかし、教科担任制であるため、担当教科以外の指導場面で、子どもがどのような困難さを有しているかについては意識が向きにくく、校内研修会の必要性を感じていました。

　校内研修会の企画にあたり特別支援教育コーディネーターは、限られた時間（1時間）の中で、教員一人ひとりが関心をもって前向きに研修に参加できるためには、どうすれば良いかを考えました。

工　夫

① 特定の障害や教科に限定するのではなく、どの教科担任でも直面する可能性のある子どもの困難さを取り上げた。
② 体験や協議を取り入れた。
③ 実際の指導場面で活用（応用）できるように、必要な支援について具体的に考える機会を設けた。

校内研修会の内容	時間配分
研修の目的についての説明（特別支援教育コーディネーターより）	5分
疑似体験とグループ協議	計50分
①「文章を読めているのに理解できない」	計25分
疑似体験	5分
グループ協議	10分
外部講師による解説	10分
②「板書の書き写しが難しい」	計25分
疑似体験	5分
グループ協議	10分
外部講師による解説	10分
まとめ	5分

　校内研修会の中で、特別支援教育コーディネーターは、困ったことがあれば気軽に相談してほしいということを伝えました。研修後、参加した教員から早速、支援に関する相談が寄せられました。

■取組のポイント ―ここを参考にしよう！―

　「忙しいからできない」ではなく、「どうしたらできるか」という発想が大切です。この発想は、障害のある子どもや特別な支援を要する子どもへの支援にも通じますよね？
　この事例では、どういった内容であれば参加している先生たちにとって役立つ研修となるのかを考えて、工夫をこらしました。また、この研修を通して、学校全体で特別支援教育に取り組む必要性を確認し、校内の相談窓口としての特別支援教育コーディネーターの存在もアピールすることができました。

気軽に相談してもらえる特別支援教育コーディネーターになろう

－「特別支援教育だより」等を通じての情報発信－

キーワード 特別支援教育コーディネーター、校内支援、校内だより、理解・啓発

　特別支援教育コーディネーターの役割には、「学校内関係者との連絡調整」と「外部の関係機関との連絡調整」があります。

　学校内外の関係者と連携するためには、障害のある子どもや特別支援教育についての理解・啓発は欠かせません。

　校内には、障害のある子どもや特別な支援を要する子どもへの対応に困っている先生がいます。でも、「こんな相談してもいいのかな…」と不安に感じて、相談することを躊躇している先生がいるかもしれません。そうした先生に、特別支援教育コーディネーターは何ができるでしょうか？

　この事例では、小・中学校の特別支援教育コーディネーターが作成した校内だよりを通じて、特別支援教育に関する理解・啓発のための情報発信を行った取組を紹介します。

●「特別支援教育コーディネーターだより」を通じた理解・啓発

　A小学校の特別支援教育コーディネーターは、校内の教職員に対して特別支援教育についての理解・啓発の必要性を感じていました。そのため、研修を行うことを考えましたが、その時間を新たに設けることは、なかなか難しい状況がありました。

　そこで、通常の学級担任が困っていることを取り上げて、それについて解説する「特別支援教育コーディネーターだより」を創刊することにしました。

　次のコンセプトで「特別支援教育コーディネーターだより」を作成しました。

① 特別支援教育コーディネーターが研修で得た情報や教材等を紹介する。

② 教員の困りごとを一緒に考える。

③ 悩んでいる教員が、気軽に特別支援教育コーディネーターに相談してみようと思える「きっかけ」にする。

●「特別支援教育だより」による理解・啓発と校外研修の伝達・共有

B中学校では、発達障害についての理解・啓発のために、特別支援教育コーディネーターの提案で「特別支援教育だより」を発行しました。

特別支援教育コーディネーターは、教員がこのたよりを参考にすることで特別な支援を要する子どもについて共通理解し、子ども一人ひとりに合った支援を提供してほしいと考えました。

「特別支援教育だより」の作成にあたっては、以下の工夫を行いました。

※A小学校とB中学校が作成した各たよりは、「参考資料」(36～39頁)に掲載しています。

工 夫

① 障害特性や支援方法等について、A4判1枚で簡潔に説明した。

② 具体的な指導場面をイメージできる内容にした。

③ 特別支援教育コーディネーターが、校外研修会で得た情報を校内に伝達・共有した。

④ 困っている教員が、特別支援教育コーディネーターに相談しやすくなるようにメッセージを添えた。

■取組のポイント ―ここを参考にしよう!―

この2つの学校に共通するポイントは、校内の先生たちが実際に困っていることを踏まえて情報発信をしていることです。校内だよりの作成者である特別支援教育コーディネーターが、校内の先生たちの悩みを想像し、実際の指導場面を想定した具体的な内容を盛り込むことで参考にしてもらえる資料になるのだと思います。また、日々、忙しい先生たちのために、コンパクトで、わかりやすく、親しみのもてる内容に工夫することも大切です。特別支援教育コーディネーターの校内の先生たちの悩みに寄り添う姿勢は、悩みを抱えている先生が相談してみよう、頼ってみようとするきっかけになるでしょう。

校内だよりを通しての情報提供は、研修のための時間を確保することが難しい先生たちにとっての日常的な学びのツールにもなるでしょう。

事例 4　学校全体で特別な配慮を要する生徒の理解を深めよう

キーワード　高等学校、校内支援体制、実態把握、組織的な情報共有、生徒理解

　平成 30 年度より高等学校において、通級による指導が制度化されました。文部科学省（令和 2 年）の園・学校の特別支援教育の体制整備状況についての調査（実施：平成 30 年度）によると、高等学校での校内委員会の設置や実態把握の実施、特別支援教育コーディネーターの指名等の体制整備は年々、進んではいるものの、小・中学校と比較するとその状況は、まだ十分とは言えません。

　高等学校に在籍している発達障害やその可能性のある特別な配慮を要する生徒への支援の充実には、校内支援体制の整備と全教職員の理解と協力が欠かせません。

　この事例では、高等学校での校内支援体制として、入学前から入学後の生徒の実態把握と校内での情報共有の仕組みを紹介します。

●校内支援体制の整備と組織的な取組

　C 高等学校では、特別支援教育を推進するために特別支援教育コーディネーター、養護教諭、1 学年から 3 学年の教員で組織した「教育支援部」を設置しています。教育支援部は、以下の役割を担っています。

① 　特別支援教育推進委員会（教育相談連絡会議）の運営（毎週）
② 　生徒の実態調査（年 2 回）
③ 　生徒や教職員への支援、アドバイス
④ 　外部機関との連携
⑤ 　特別支援教育に関する教員研修の開催

　特別支援教育推進委員会（教育相談連絡会議）では、保健室来室生徒やスクールカウンセラーによる教育相談を受けた生徒、学校生活で様子が気になる生徒について情報収集し、関係者と共有のうえ支援内容を検討しています。

●特別な配慮を要する生徒の実態把握と情報共有

　C 高等学校では、全ての教職員に発達障害のある生徒に対して合理的配慮を行うことを周知しています。発達障害のある生徒に必要な支援や配慮が提供されるように、生徒の健康状態等に関する保健調査や欠席状況調査を行っています。保健調査の結果を受けて、養護教諭が「配慮の必要な生徒（保健調査より）」という冊子を作成し、職員会議で共有しています。

　また、全ての教職員を対象に、学習面や行動面で気になる生徒についての実態調査を行い、各教科担当者を対象とした実態調査の結果を踏まえて、生徒の配慮事項をまとめ、共有しています。

入学前 ➡　　　　　　　入学後 ➡

入学前相談での 保護者からの聞き取り	保健調査 （保健厚生部）	実態調査（年2回実施） （教育支援部）
・心身の健康面、診断の有無 ・生徒の発達や授業への配慮 ・小・中学校時の問題、学校生活に関する不安 ・生徒の発達や子育て	保護者に既往歴や傷病・治療状況、現在の生徒の健康状態について記入してもらう	全ての教職員に、学習面・行動面で気になる生徒とその様子、配慮事項について調査。校内支援体制の必要性と保護者との共通理解の有無を確認

各教科担当に、「座席配置」「板書・ノート」「気になること」を調査

特別支援教育コーディネーターが発達障害の特性に関する説明資料を作成し、各教科担任に配付。授業場面での生徒の様子と理由、手立て、変容を一覧にして共有

調査結果をまとめ、教職員間で配慮事項を共有

■取組のポイント ―ここを参考にしよう！―

　中学校との引き継ぎに始まり、入学前相談での保護者からの聞き取り、入学後には細やかに生徒の保健状態や実態調査を行い、その結果を全教職員で共有しています。生徒に必要な支援や配慮が提供されるように、関係分掌と連携しながら組織的に取り組むことが、とても重要です。

　さらに、各教科担当には生徒について気になること等を調査し、発達障害の特性や配慮事項をまとめた資料を作成・配付し、教科担当への支援も行っています。各担当による授業場面での特別な配慮を要する生徒の様子や手立て等の見立てをまとめた一覧は、指導体制や支援方法の改善・工夫に役立ちます。また、各担当の生徒の見立てを共有することで生徒理解が深まり、学習全般と各教科の授業に応じて配慮・支援すべきことも明確になります。

事例 5 学校の強みを活かして交流しよう

－高等学校と特別支援学校との交流及び共同学習－

キーワード　高等学校、学校の強み、交流及び共同学習、特別支援学校、継続的な交流

　交流及び共同学習は、障害のある子どもと障害のない子どもの双方にとって、豊かな人間性を育むとともに、お互いを尊重し合う大切さを学ぶ機会となる「心のバリアフリー」の実現に向けた取組として、その推進が求められています。

　交流及び共同学習の推進にあたっては、以下のことが重要視されています。

- ● 各学校において、継続的な取組として、年間を通じて計画的に進めること。
- ● 学校全体で組織的に取り組み、全教職員が目的や内容等を共有すること。
- ● その場限りの活動で終わらせないよう、子どもたちに対する十分な事前学習・事後学習を実施し、日常の学校生活においても障害者理解に係る丁寧な指導を継続して実施すること。

　学校が多忙化している中、交流及び共同学習を継続的に行うためには、どうしたらよいのでしょうか？また、交流及び共同学習は、中学校、高等学校と進むにつれて、その実施が減少することが報告されています。

　この事例では、運動部をはじめとする部活動が盛んな学校の特長（強み）を活かして、15 年以上にわたり継続的に特別支援学校との交流を行っている C 高等学校の交流及び共同学習の取組を紹介します。

●教育課程上の位置付け

　特別支援学校との交流及び共同学習の実施にあたって、C 高等学校は特別活動に位置付けて行っています。

　一方、D 特別支援学校（知的障害）高等部は、総合的な学習（探究）の時間に位置付けて行っています。

　D 特別支援学校では、この時間を余暇学習の時間としており、球技や軽スポーツ等のグループに分かれて、生徒が好きな活動に存分に取り組むことができるようにしています。球技グループ等の生徒が、

C 高等学校（運動部）と D 特別支援学校（球技グループ）との交流試合

県のスポーツ大会に参加するために、C 高
等学校の運動部の生徒と交流試合を行って
います。

●自主的な参加が継続のカギ

C 高等学校では、女子バレー部や野球部、
弓道部、ラグビー部、女子サッカー部等の
運動部や JRC（青少年赤十字）同好会、生
徒会等に所属する生徒が、特別支援学校の
運動会や文化祭に参加しています。

特別支援学校の運動会では、C 高等学校
生徒が各クラスに入って一緒に応援したり、
用具運搬や運営補助を行ったりしています。
また、E 特別支援学校（肢体不自由）の文
化祭では、各学級や作業班の販売補助、催
し物の運営補助、ダンス部等によるパフォー
マンス発表等も行っています。特別支援学
校の行事への自主的な参加が、継続的な交
流を支えています。

D 特別支援学校（知的障害）文化祭でのダンス部
の発表

E 特別支援学校（肢体不自由）の文化祭での露店
運営の補助（右端は C 校生徒）

先生や保護者の方に「人によって表現
の仕方が違うから、それをできるだけ自
分たちが感じとって接してあげることが
大事だ」と言われて、それは普段、私
たちがコミュニケーションをとる上でも
大事なことだと思いました。

生徒の感想

一人ひとりへの接し方
が違って、先生方はそ
れを理解して一人ひと
りに合った接し方で接
していて勉強になりま
した。

■取組のポイント ―ここを参考にしよう！―

障害のある子どもが、積極的に地域社会に参加するために、地域の
同世代の子ども等との交流が求められています。交流及び共同学習が、障害のある子
どもと障害のない子ども双方にとって有意義な活動となるには、学校の強みや子ども
の興味・関心を活かしたり、特技を発揮する機会を設けたりすることが大切です。双
方の子どもにとってやり甲斐があるからこそ活動が継続し、障害のある人への理解も深
まっていくのだと思います。

事例 6 子どもの姿を「見える化」して共有しよう
－園内での情報共有の工夫－

キーワード 情報の「見える化」、情報共有、子ども理解、教師間のコミュニケーション

幼稚園や保育所等、学校においては、日々の様々な業務がある中で時間をとって教職員同士が子どもについてじっくりと話し合う機会をとることは、なかなか難しいのではないでしょうか。しかし、指導・支援を行うためには、子ども理解は欠かせません。担当の先生だけではなく、様々な視点から子どもの姿を捉えることが大切です。

ファイリングした保育の写真記録

この事例では、写真記録等を有効活用した幼稚園での情報共有の取組を紹介します。

●日々の保育活動や子どもの姿の「見える化」

F幼稚園では、日々の保育活動や預かり保育により教職員全員で話し合いの時間を設けることがなかなか難しいため、会議時間に限らず子どもについて情報共有するように努めています。そのための工夫として、様々な媒体を用いた「見える化」による情報共有を行っています。

アプリ「キッズノート」の保育記録

工 夫

① ホワイトボードに子どもに関する課題をキーワードで書き出し、教職員が保育活動の隙間時間に子どもの状況を速やかに確認できるようにした。
② スマートフォンで保育活動中の子どもの様子を撮影し、保育終了後にその写真をもとに担任が一言感想を添えた写真記録をファイリングし、職員室で閲覧できるようにした。
③ 「キッズノート」(園と保護者の総合連絡アプリ)を利用して情報共有した。

> **利 点**
>
> ① 担任が子どものどのような姿に注目していたのかが、わかりやすい。
>
> ② 子どもの姿を具体的にイメージして保育活動や子どもの様子を振り返ることができる。
>
> ③ 集積した写真をクラスだよりの作成に活用できる。

●「見える化」することの意味

　教職員によっては「見える化」することが目的になってしまい、「一人一枚は必ず写真を撮ろう」と義務的になり、その結果、負担感が増して取組が形骸化してしまいました。このため、あらためて保育活動や子どもの姿を「見える化」することの意味を教職員間で話し合いました。

　写真を撮る時には、「子どもが面白がっていることは何か？」といったように子どもの内面を想像したり、遊び等の活動が「子どもにとってどのような意味があったのか」を考えたりすることが大切であること、また、「見える化」はそれぞれの教職員が子どもをどのように捉えているのかを知り合うための「対話の材料」であることを確認しました。

●「見える化」がコミュニケーションのきっかけに

　保育活動や子どもの様子を「見える化」したことで会議の時間に限定されることなく、日常的に教職員間で子どものことを話題にするようになりました。

　「見える化」が教職員間のコミュニケーションのきっかけとなり、担任が特別な支援を必要とする子どもへの対応に悩んだ時には、ベテラン保育者を交えて支援方法を話し合うようになりました。

■取組のポイント ―ここを参考にしよう！―

　教職員が一同に介し、子どもについてじっくりと話し合う時間を確保することが難しい中、写真等の様々な媒体を活用して情報共有を行っています。写真等の視覚的な媒体を活用することで、限られた時間の中で効率よく情報共有や保育活動の振り返りを行うことができます。

　この取組のポイントは、「見える化」を何のためにやっているのか、その目的を問い直し、それぞれの教職員がどのように子どもを捉えているのかを知り合うための「対話の材料」であることを確認したことです。

　「見える化」した情報から子どもの内面や育ち等について思いを巡らし、教職員間で意見を交わすことで子ども理解がさらに深まります。

地域は、もう一つの教室！
－校内カフェを通じた特別支援学校と地域との交流－

キーワード 地域に開かれた学校、地域住民との交流、理解・啓発、地域との連携・協力

　共生社会の形成に当たっては、学校を中核としたコミュニティづくりを進めることに加えて、地域において「共に生きる」ことを推進していくことが求められています。インクルーシブ教育システムの推進に当たっては、障害のある人と地域との結びつきを強めていくことが重要です。

　特別支援学校が地域に開かれた学校となるためには、小・中学校等を含め広く地域にその存在を知ってもらい、身近に感じてもらうことが大切です。また、障害のある子どもが地域社会の一員として活動していくために、特別支援学校では様々な工夫を凝らして地域との連携に取り組んでいます。

　この事例では、特別支援学校（知的障害教育部門）に設置したパン工房とカフェの運営を通じた地域住民との交流と連携について紹介します。

●パン工房とカフェを通じての地域住民との交流

　G特別支援学校の子どもたちは、市内の様々な場所から通学しているため、学校のある地域住民との交流があまりありませんでした。そこで、地域に学校や子どもたちのことを知ってもらうためには、どうすれば良いかと考えました。

　パンを販売すれば、地域の人々が学校に足を運んでくれるのではないかと考えてパン工房を、また、パン工房を活かし、学校に隣接しているコミュニティハウスの利用者に立ち寄ってもらえるようにカフェを開店することにしました。

工　夫　来店した地域の利用者に、学校や子どもたちに関心や親しみをもってもらえるように、「また来店したい」と思ってもらえるように様々な工夫をほどこしました。

　例えば、店先にウェルカムボードを設置したり、店内には学校の教育活動を紹介した掲示をしたりしています。また、パン工房の利用者にポイントシールを配付し、地域のベーカーリーが行っているようなサービスを提供しています。

店先のウェルカムボード

教育活動について紹介した店内掲示

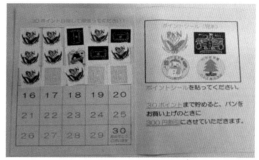

パン工房の手作りポイントカード

　利用者からは、販売しているパンについて改善を求める声が寄せられることがあります。正直な感想を伝えてくれることに、「特別視されていない」のだと肯定的に受け止めています。また、接客時に子どもたちがミスをしてしまうことがありますが、「失敗させないようにする」のではなく「失敗から学べるようにする」ことを大切にしています。

●地域との連携・協力

　地域の社会福祉協議会から、高齢者の居場所づくりと安否確認の拠点づくりのために、カフェを利用したいとの要望が寄せられました。このため、店休日には、社会福祉協議会にカフェの施設を貸し出すことを計画しています。

　ゆくゆくは土日にカフェを開店することで、学校の施設を利用している地域のサッカーチームやバスケットボールチームの小学生とその保護者にカフェの存在が知られ、利用してくれる人々が広がっていけば良いと考えています。

■取組のポイント ―ここを参考にしよう!―

　障害のある子どもが地域とつながりをもつことは、社会参加する絶好の機会です。地域住民との直接的な関わりの中で時に失敗から学ぶことは、障害のある子どもが経験を広げ、社会性を養う上では大切なことです。地域の人々との交流は、障害のある子どもたちにとっては「もう一つの教室」、すなわち「学びの場」として、とても重要です。

　Ｇ特別支援学校では、新たに社会福祉協議会との連携に着手しました。この取組は、教育と福祉の連携を進めるためのネットワークづくりと地域と連携した学校づくりの参考になります。

　「地域に開かれた学校」となり、日常的に広く地域に特別支援学校や障害のある子どもたちについて知ってもらうことが、共生社会の形成に向けた障害のある人々に対する理解の促進につながります。

事例 8 これまでの取組をインクルーシブ教育システムの視点から振り返ろう

キーワード 取組の振り返り、短時間での研修、管理職のリーダーシップ、チェックリスト

特別支援教育という言葉や考え方については一定の広がりや定着をみせていますが、インクルーシブ教育システムについて、言葉は知っているけど説明はできない、具体的に何を行えば良いのかわからない、といった声も聞かれます。

例えば、特別支援教育は、共生社会の形成に向けて、インクルーシブ教育システム構築のために必要不可欠なものです。特別支援教育に関する取組は多くの学校で既に行われていますが、こうした取組を学校全体で共有する機会が少ないため、せっかく良い取組が行われているのに、違う学年や教科担当の先生は知らなかったということをよく耳にします。

この事例では、短時間での校内研修を設定し、これまでの取組をインクルーシブ教育システムの視点から振り返ることで、教職員の理解の促進を図った工夫を紹介します。

●取組を支える「特別支援教育」に関する校内体制

Ｈ小学校には、発達障害の可能性のある子どもや外国人児童等の多様な子どもたちが在籍しています。特別な配慮を要する子どもへの指導・支援について検討を行うために「特別支援教育推進委員会」を設置したり、特別支援教育コーディネーターを複数配置したりする等、特別支援教育に関する校内体制が整備され、様々な取組が行われています。

しかし、教職員一人ひとりの取組については、せっかく素晴らしい取組であっても、違う学級や学年の担任と共有されていないこともありました。

そこで、校内で行われている取組を学校全体で共有し、さらにインクルーシブ教育システムという新たな視点から振り返りを行うことにしました。

●校内研修を通じたこれまでの取組の振り返り

取 組 校長や特別支援教育の経験が長い教頭のリーダーシップのもと、次のような取組を行いました。

① 全教職員を対象としてインクルーシブ教育システムに関するアンケートを行い、教職員のインクルーシブ教育システムに対する理解度を把握する。
② 管理職のリーダーシップのもと、校内研修を実施する。
③ 校内研修の後、①で行ったものと同じアンケートを使って変容をみる。

成 果 アンケート※の結果、「インクルーシブ教育システムについて、何を行えば良いのか」という問いに対し、研修の前は半数以上の教職員が「知らない」あるいは「どちらともいえない」といった回答でしたが、研修を行い、取組を共有した後は「知っている」の割合が約8割まで上昇しました。

※「知っている」「どちらともいえない」「知らない」の3件法で尋ねました。

工 夫 研修では、校内で行われている実践の共有に加えて、合理的配慮の内容や具体例に関する資料を配付し、インクルーシブ教育システムの理念と実践が関連付けやすいように工夫しました。

また、インクルーシブ教育システムに関する簡単なチェックリスト（下表に一部抜粋）を独自で用意し、教職員が自分たちの取組を把握できるようにしました。取組状況を可視化することで具体的な動きにつなげやすくするためです。

交流学級に特別支援学級の子どもたちの居場所がある	Yes　No
特別支援学級の教室に、ついたてなど工夫をしている	Yes　No
特別な支援が必要な子どものための情報共有の場を設けている	Yes　No
個別の教育支援計画や個別の指導計画を作成している	Yes　No

そして、働き方改革を踏まえて30分という短い時間で研修を設定しました。既存の研修や会議等の中にもインクルーシブ教育システムの視点を少しずつ取り入れる等、限られた時間の中で工夫を行いました。

■取組のポイント ─ここを参考にしよう！─

「インクルーシブ教育システム」に関する新たな取組を立ち上げることも良いですが、これまで行ってきた「特別支援教育」に関する取組を別の視点から振り返り、新たな価値を見出すことも重要です。

限られた時間の中で取り組むことはなかなか難しいですが、この事例では、インクルーシブ教育システムに関する簡単なチェックリストを作ってみたり、既存の研修や会議等の中で実践を紹介したりする等、少しずつでも着実に取組を進めるための工夫が数多くありました。

キーワード 個別の教育支援計画、個別の指導計画、情報の共有、一貫した指導・支援

　小・中学校、高等学校学習指導要領解説（総則編）では、障害のある子ども等に対して、個別の教育支援計画や個別の指導計画を作成し、効果的に活用することが記載されています。個々の子どもに対してきめ細かな指導・支援を行うために、それぞれの計画を作成している学校は増えていますが、効果的な活用については、頭を悩ませている先生は多いのではないでしょうか。

　個別の教育支援計画は、家庭や医療、福祉等の関係機関と連携を図り、長期的な視点で子どもたちへの教育的支援を行うために作成するものです。インクルーシブ教育システム構築においては、子どもたちや保護者と合意形成を図りながら「合理的配慮」を決定し、個別の教育支援計画に明記することが望ましいとされています。一方、個別の指導計画は、個々の子どもに応じて適切な指導を行うために学校が作成するものです。

　ここでは、合理的配慮を決定するプロセスにおいて保護者と合意形成を図りやすくしたり、必要な手立てを教員間で共有しやすくしたりするために、個別の教育支援計画と個別の指導計画の書式の見直しを行った事例を紹介します。

●**個別の教育支援計画と個別の指導計画の効果的な活用に向けて**

　Ｈ小学校では、合理的配慮を決定する際には、個別の教育支援計画の作成に関わる保護者や関係機関と合意形成を図ることの重要性を認識していましたが、その難しさも感じていました。このため、より円滑に合意形成を図るための仕組みづくりが必要であると考えました。また、教員同士が目標や手立てを共通理解して障害のある子どもや特別な配慮を要する子どもの指導・支援にあたることができるように、情報共有の必要性も感じていました。このためのツールとなるのが、個別の教育支援計画と個別の指導計画です。これまで合理的配慮の決定や情報共有、引き継ぎ等でこれらの計画を活用してきましたが、あらためて書式の見直しを行うことで、より効果的な活用につなげたいと考えました。

●個別の教育支援計画と個別の指導計画のそれぞれの役割の整理

取組　それぞれの計画の役割を踏まえて、一つの書式に統合されていた個別の教育支援計画と個別の指導計画をそれぞれ独立した書式に分けました。個別の教育支援計画には、「合理的配慮」の欄を新たに設けることで、その内容を明記できるようにしました。また、「本人・保護者の願い」や「進路希望」といった欄も新たに設けました。改訂に際しては、Ｈ小学校の校区である中学校区において「幼小中一貫教育研究会」が新たに組織され、市教育委員会も含めて書式の改訂に関する検討が進められました。

　個別の指導計画については、長期目標を基にした短期目標と手立て、そして評価を対応づけて書き込める書式に改訂しました。

期待　個別の教育支援計画の書式を改訂したことによって、合理的配慮の具体的な内容や本人・保護者の願い、将来への見通しが明記できるようになりました。これにより、教員に対して合理的配慮の提供の必要性、当事者の思いを尊重すること、長期的な視点をもって教育的支援を行うことが意識づけられることが期待されます。

　個別の指導計画の改訂により、目標に沿って子どもに必要な手立ての具体をより把握できるようになりました。これによって、例えば、交流及び共同学習を実施する際には、通常の学級と特別支援学級の担任間で情報共有と共通理解を図り、一貫した指導・支援が行われるようになることが期待されます。

■取組のポイント ―ここを参考にしよう！―

　個々の子どもの障害の状態等に応じた指導・支援を行う上で、個別の教育支援計画と個別の指導計画は有効なツールになります。この事例では、書式を見直したことで、個別の教育支援計画と個別の指導計画のそれぞれの役割が整理されました。具体的には、個別の教育支援計画に「本人・保護者の願い」を設けたことで、その意向を把握することができるようになりました。これは、合意形成を図る際の有益な情報になります。また、個別の教育支援計画と個別の指導計画をそれぞれ独立した書式にしたことにより、この２つの計画の作成の目的や活用の仕方の違いが明確になったと言えるでしょう。

　個別の教育支援計画と個別の指導計画のそれぞれの役割と意義を踏まえることが、適切な活用につながります。

Web サイトを通じて学校のリソースを活用してもらおう
－特別支援学校のセンター的機能の充実－

> **キーワード** 特別支援学校のセンター的機能、地域支援、Web サイト、教育相談

　地域の特別支援教育を推進する体制を整備していく上で、特別支援学校は中核的な役割を担うことが期待されています。特別支援学校のセンター的機能の内容としては、小・中学校等の教員への支援や特別支援教育に関する相談・情報提供、障害のある子どもたちへの施設設備等の提供等があげられます。

　センター的機能を有効に発揮するためには、校内体制の整備や関係機関等との連携を図ることが重要です。一方で、地域の小・中学校や高等学校、関係機関等に対して、こうした教育リソースが活用できるということを広く知ってもらうことも大切です。

　この事例では、特別支援学校のセンター的機能をより充実させるために、学校の Web サイトを通じて、地域の小・中学校等や地域住民に対して、教育相談や研修支援に関する情報提供を行った取組を紹介します。

●地域の小・中学校や地域住民に対する特別支援教育の理解・啓発

　特別支援学校では、運動会や文化祭等の学校行事、地域の学校への相談支援等を通じて、地域の学校や住民に対して特別支援教育の理解・啓発を図ってきました。一方、特別支援学校のセンター的機能のさらなる充実に向けては、以下のように、課題と今後の方針が整理されました。

- これまで以上に多くの教職員にセンター的機能のことを知ってもらう必要がある。
- これまでセンター的機能を活用してこなかった学校にとっては、どのような支援や相談に対応してもらえるのか、そもそもどのように申請を行えば良いのか、といったことがわかりづらく、センター的機能を活用するハードルが高くなっている。
- 活用のハードルを低くして、より多くの人々にセンター的機能を活用してもらうには、適切な情報発信が必要である。

　以上から、学校の Web サイトを活用して情報発信を強化することにしました。

●学校の Web サイトを通じた情報発信

取組　　特別支援学校のセンター的機能の充実に向けて、学校の Web サイトに新たなページを作成し、情報発信を強化することにしました。

まずは、教育相談と地域支援に関する内容を Web サイト上で取り扱うことにして、「相談窓口」、「見学会」、「研修支援」の各コンテンツを用意しました。

「相談窓口」のページでは、どのような内容の相談を受け付けているのか、どのように連絡を取れば良いのかといった内容をわかりやすく掲載しています。

「見学会」のページでは、学校見学会や説明会に関する情報を一覧でわかりやすく整理して掲載しています。

「研修支援」のページでは、巡回相談や研修協力の依頼方法等を紹介しています。さらに、特別支援学校のセンター的機能である「障害のある子どもたちへの施設・設備等の提供」を充実させるために、検査用具や書籍の紹介・貸出に関する情報も掲載し、地域の小・中学校や高等学校、地域住民が、特別支援学校の教育資源について広く情報を収集することができるように工夫しました。

Ⅰ 特別支援学校の教育相談、地域支援のページ

■取組のポイント ―ここを参考にしよう!―

特別支援学校では、これまでにも特別な支援や配慮を要する地域の子どもの相談を受けたり、交流及び共同学習を行ったりと、センター的機能の発揮に積極的に取り組んできました。その上で、Web サイトを使って情報発信の強化をめざしました。

こうした取組によって、学校だけでなく保護者や地域住民にも広く情報を提供し、センター的機能がより一層活用しやすくなると考えられます。また、Web サイトの充実を図るために自校の専門性を整理し、共有することを通じて、特別支援学校の教職員の専門性の向上にもつながることが期待されます。

参 考 資 料 ・ 情 報

静岡県袋井市立袋井北小学校 特別支援学級
２年生児童 制作「オクラをそだてたよ」

事例の中で紹介した学校で
作成・使用された資料と各自治
体の報告書等も掲載しています。

事例3 「気軽に相談してもらえる特別支援教育コーディネーターになろう−「特別支援教育だより」等を通じての情報発信−」（18〜19頁）より

A小学校作成の「特別支援教育コーディネーターだより」（表面）

特別支援教育コーディネーターだより

2020. 2. 19

今回は「集中することが難しい子」について取り上げます。

巡回相談員の〇〇先生の研修資料から一部抜粋します。

①こんな思いなのかもしれません

> 落ち着くことが苦手。授業や食事中の離席が多くなって、友達や先生に注意されることが多いんだ。でも我慢できなくて。

> 話を集中して聞くことが苦手で授業中、落書きしたり、いたずらしたりしてしまうんだ。

> うっかりミスが多くて、提出物を忘れたり、宿題をやったのに、机にノートを置いてきちゃったりするんだ。

②考えられること

◎見えるものや聞こえるもの全てが気になってしまい、集中したくてもできない

◎活動を続けることに意義や満足感が得られないため

・学習や活動内容の理解ができない、興味がもてない

・活動の見通しがもちにくい

◎ワーキングメモリーの弱さ

③支援の手立て　たとえば・・・

○**集中できる環境を整える**
・目から入る刺激を減らすため、教室全面の掲示物は最小限にする
・カーテンをひく
・静かで過ごしやすい温度の教室環境

○**話に関心を向けて聞くことができる工夫**
・一番前の中央の座席やモデルとなるような児童を前にして2番目の座席配置に
・話を聞くときに注目する合図を決める
（絵に描いたものを見せる/指を出してカウントダウンする）
・イラストや写真など具体的な情報を提示する

○**興味をもって取り組める内容の工夫**
・興味のあることを取り入れ、集中できる時間を延ばしていく
・短時間で区切って多様な活動を展開する
・学習活動の順序を一定にし、次の活動が予測できるようにする

○**終わりがわかり、見通しをもって取り組める工夫**
・予定表、学習の流れの掲示
・終了時刻の掲示、タイマー、タイムタイマーなどで残り時間を示す

A小学校作成の「特別支援教育コーディネーターだより」（裏面）

④指導の実践　〜1年生の教室から〜

タイムタイマー

あとどれくらいかわかりやすい！

今月のコラム　第2回は教頭先生です！

「伝えること」「伝わるということ」

　私たちは日頃から言葉を介したコミュニケーションを主としています。自分の思いや考えを言葉で発すれば、当然相手にも伝わっているはずだと考えます。

　もしも、相手がその言葉を聞いて、自分の思ったとおりに行動してくれなかったとすると「なんで！」と少しがっかりしたり、イラッとしたりした経験があるかもしれません。「伝える」手段として、言葉を使ってみたものの、実際に「伝わる」とは限らないこともあります。

　こんな時、自分も過去にそうだったのですが、原因は『相手』にあると感じていました。特に子供たちとのやりとりでは、自分が「伝えた」（言葉を発した）のだから、子供には、当然伝わったものだと思っていました。

　しかし、聞いているように見えても実は聞いていなかったり、聞こうとはしているけれど内容がうまくつかめなかったりする子供たちも相当数いることがわかりました。

　この場合の大切な視点は、正しく「伝わるということ」は、かなりハードルが高いコミュニケーションなのだということです。

　「伝えた」のではなく結果として「伝えたつもり」になっている自分に気づけるかどうかが重要です。求められた行動ができなかったり、内容がつかめなかったりする子供たちに原因があるとは限らないので、自分の関わり方を見直すことも大切な要素だといえます。

　このように考えると「伝える」ための方法は様々あるし、「伝わりやすい」方法も十人十色であるといえますね。

　もう一度、自分の伝え方が、相手にとってわかりやすいのか？「伝えたつもり」状態になっていないのか？考えてみてはいかがでしょう。

今後の予定
〇2月〜3月　個別の指導計画の振り返り、次年度に向けての資料作成

特別支援教育だより

NO1　担当　△△

ADHDとは？？
☆アメリカの精神医学会の診断基準第5版（DSM-5）にある診断名
☆Attention-Deficit/Hyperactivity Disorder →ADHD
☆「不注意」「多動性」「衝動性」の3つの症状を特徴とする
☆ADHDは生まれもった脳の生理学的発達障害
☆親のしつけの甘さや、本人のわがままが原因ではありません
＜例＞

不注意
・女子が多い
・言われたことを忘れてしまう
・提出物、配布物→もらってないという
・後片付け、忘れ物が多い
☆個別の声かけ確認が必要。手紙ファイルを用意。
・身だしなみ×
→汚れても気にしないのでいじめの対象となることも
☆鏡で身だしなみを確認する。繰り返し行うことで習慣化させる。

多動性
・頭の中が常時動いている。
・口が動く、話が止まらない、→無意識
☆流すところは流して。周囲を理解させる。

衝動性
・暴れる、パニック→二次障害（自傷・他害）
・答えをすぐにいってしまう
☆パニックになったら落ち着ける環境に。

◎学校・教室の中でできる、発達障害のある子どもへの対応と支援
☆落ち着いて着席させるためには？？

席順を考える

ADHDの生徒→窓際×（音・光に敏感）
　　　　隣の子は優しい子がいい。しっかりした生徒は声をかけすぎてしまうのでその声かけがストレスになることもある。避けた方がいい。
・学習困難な生徒は前方に・音に過敏な生徒への対応（スピーカーから離す）
・班員の相性を考える・クラス全体で支援を。

☆体育やグラウンドで学習するときにできる支援は？？

多動を抑えるために

・行事の時は、目の届く範囲で行動させる。・窮屈にならないように気をつける。
・自分の居るべき場所がわかるように。・約束、ルールをきちんと決めて支援を。

　研修で得たことを随時伝達させていただきます。先生方のお役に立てればと思いますので一読よろしくお願いします。支援を要する生徒は年々増えてきています。気になる生徒がいて困っていることがあれば相談に乗りますので是非お声かけ下さい。

B中学校作成の「特別支援教育だより」（No2）

特別支援教育だより

NO2　担当　△△

「ADHD のある子どもへの指導法」

　ADHD のある子どもの指導法を考えるとき、何もすべて新しい指導法を学ばなければならないわけではありません。「叱るより、ほめる」「できないことに注目するよりできることを見つける」等、基本的な指導法はすべての子どもに共通しています。
具体的な方法として、以下のような方法が考えられます。

1　集中時間に配慮する。・・・理想は、学年×１０分
　　　　　　　　　　　　　　　　はじめよりまとめの時間に集中を！！
　　　　　　　　　　　　　　　　少しの時間でも集中して学習したことを褒め、達成感を味わうことができるようにする。
2　言葉だけでの指示ではなく、**視覚的支援も取り入れる。**
　　言語指示はシンプルに。・・・具体的に端的に活動内容を伝える。
　　　　　　　　　　　　　　　視覚的に分かりやすく、絵で書いて説明するのもOK

こんな言葉使っていませんか？？
☆　がんばって！　　　　　　　　　・がんばっての意味がわからない
☆　ちゃんとして！　　　　　　　　・何をがんばる？？
☆　しっかりやって！　　　・しっかりって？？
☆　何度言ったらわかるの？　　　　・この間何か言われたっけ？？
☆　何をやっているの！　　　　　　★このような捉え方をしているかも・・・
※・漢字ワークP２５の問題を〇〇分までにやる。・イスに座って板書をノートに写す。
　・〇〇分まで背筋を伸ばして話を聞く。
　・悪い行動が続くようであれば、ポイントカードを作成し、記録を残せるようにする。

3　多動を条件付けで肯定する。　　┐　「動かないではなく、動いてもいいという約束で
　　強制は逆効果。　　　　　　　　│　いくつかの条件を提示する。条件を一つずつクリ
　　衝動的な行動に巻き込まれない。┘　アしていくうちに落ち着いてくる。」無視も必要
4　一貫性のある指導を。・・・良いことをしたら良い結果が待っている。
　　　　　　　　　　　　　　　　悪いことをしたら悪い結果が待っている。
5　無条件で子どもの応援者になる。
　　できてあたりまえとしないこと。（２５％のルール）
6　校内指導体制を確立する。
　　◎ADHD の生徒を一人で見ようとしない。複数人で対応を！！

　ここでは、参考として、各自治体が Web で公開しているインクルーシブ教育システム構築に関する報告書やガイドブック等のうち、学校の取組事例を掲載しているものを紹介します。また、国立教育政策研究所や当研究所で公開しているインクルーシブ教育システム構築に関するデータベースも紹介します。

　ここで紹介する報告書やデータベース等は、各地域等において取り組まれているものの一部であり、他にも関連する取組があります。ここでは一部しか紹介できませんが、各地域や各機関での今後の取組の参考にしてください。

　以下の各報告書等については、名称（刊行年）、作成機関、概要を記しています。また、それぞれが対象とする学校種について、幼 小 中 高 特 と示しています。これらは、幼稚園、小学校、中学校、高等学校、特別支援学校を表しています。

●各地域の報告書やガイドブック等

○支援体制づくり取組事例集（令和元年度追補版）［推進校編］（2020）幼 小 中 高
【作成機関】北海道教育委員会
【概　　要】幼稚園、小・中学校、高等学校についての発達障害児等のための校内支援体制づくりの取組事例集です。平成 28 年度〜平成 30 年度まで各年度の取組事例集もあります。

○特別支援学校におけるセンター的機能の強化に関する実践事例集－外部人材の活用による小・中学校等への支援の充実を目指した取組－（2015）特
【作成機関】青森県教育委員会
【概　　要】特別支援学校における、外部人材を活用したセンター的機能の強化についての取組事例で、教員の専門性向上のため、外部人材を活用した校内研修の取組も紹介しています。

○校内支援体制ケースブック（2016）小 中 高
【作成機関】秋田県総合教育センター
【概　　要】小・中学校、高等学校について、特別支援教育推進のための校内支援体制に関する実践事例を掲載しています。

○支援籍学習実践事例集（2011）小 中 特
【作成機関】埼玉県教育委員会
【概　　要】支援籍による特別支援学校から小・中学校、小・中学校から特別支援学校、小・中学校の通常の学級から小・中学校の特別支援学級への交流及び共同学習について、計画と実施、事後評価等を取り上げた事例集です。

○「読み」や「書き」に苦手さがある児童・生徒に対するアセスメント・指導・支援パッケージ（2018）小 中 高

【作成機関】福井県特別支援教育センター

【概　　要】小・中学校、高等学校について、先進 ICT 教材等、教材やアプリの紹介を含めて実践事例を掲載しています。

○特別支援学級教育課程ハンドブック（2020）小 中

【作成機関】奈良県立教育研究所

【概　　要】小・中学校の各障害種の特別支援学級における教育課程編成の工夫、実際の授業に関する事例を掲載しています。

○子どもたちの「わかった」「できた」を増やそう！特別支援教育の視点を生かした授業づくりヒント集（2019）小 中

【作成機関】滋賀県教育委員会

【概　　要】小・中学校について、「話を聞くことが苦手な子」「算数が苦手な子」等、9つの場合に分けて授業づくりのヒントを示すとともに、国語や算数の授業づくりの工夫の具体例を紹介しています。

○高等学校就労支援マニュアル（2018）高 特

【作成機関】岡山県教育委員会

【概　　要】特別支援学校等の就労支援コーディネーターが、近隣の高等学校の特別な支援を必要とする生徒の就労等に関わる支援を行った事例を紹介しています。

○特別支援教育の視点を踏まえた学校経営実践事例集（2019）小 中

【作成機関】高知県教育委員会

【概　　要】小・中学校で特別支援教育の視点を踏まえた学校経営を進める上での配慮について、「組織的な支援体制」「実態把握」「連携」の観点から解説し、コンパクトに事例をまとめています。

○見守りシート活用ガイドブック〜校内支援体制の充実のための実践事例編〜（2019）小 中

【作成機関】長崎県教育委員会

【概　　要】小・中学校において全ての子どもを見守り、支援の必要な子どもに対して早期に支援を行うための「見守りシート」の活用の視点と、校内支援体制を充実するためのポイントをまとめています。

●データベース

○インクルーシブ教育システム構築支援学校施設データベース
（インクル学校施設DB） 幼 小 中 高 特

【作成機関】国立教育政策研究所

【概　　要】障害種別、学校種別（幼稚園、保育所、小・中学校、高等学校、特別支
援学校）での、インクルーシブ教育システム構築のための施設設備・整
備の事例を掲載しています。

○インクルーシブ教育システム構築支援データベース（インクルDB） 幼 小 中 高 特

【作成機関】国立特別支援教育総合研究所

【概　　要】幼稚園、小・中学校、高等学校、特別支援学校について、各学校におけ
るインクルーシブ教育システム構築のための指導事例を取り上げており、
合理的配慮に関する実践事例を紹介しています。

○支援教材ポータル 幼 小 中 高 特

【作成機関】国立特別支援教育総合研究所

【概　　要】幼稚園、小・中学校、高等学校、特別支援学校について、ICT教材を含めて、
特別支援教育のための各種の支援教材を見つけることができます。また、
支援機器を用いた実践事例も掲載しています。

静岡県袋井市立袋井北小学校 特別支援学級
4年生児童の作品（版画）「オオワシ」

付　録

「インクル COMPASS」
ナビゲーションシート

「インクル COMPASS」を
使ってみよう！！

「インクル COMPASS」って？

　インクルーシブ教育システムを推進し、主体的取組を支援するための手がかりとなるもので、7つの観点でチェックするシートと、それを整理するナビゲーションシートから構成されています。

　COMPASS は、英語表記である「<u>C</u>omponents for <u>P</u>romoting Inclusive Education System and <u>Ass</u>isting <u>P</u>roactive Practice<u>s</u>」の頭字語です。

　インクルーシブ教育システム推進のためには、各機関の取組状況を把握し、今後の見通しをもつための観点が必要になってきます。しかし、こうした観点はこれまで示されていませんでした。また、園や学校で行われている取組が、インクルーシブ教育システムとどのように関連付いているのかがわかりにくいという声もあります。そこで、国立特別支援教育総合研究所では、園や学校がインクルーシブ教育システム構築の現状や課題を把握して、次の取組を見出すための手がかりを得るツールである「インクルCOMPASS」を作成しました。「インクル COMPASS」は、インクルーシブ教育システム構築の進捗状況について、他の地域や園・学校の取組と比較をするためのものではありません。

　インクルーシブ教育システムを推進するために取り組むべき課題は、地域や園・学校によって様々だと思います。「インクル COMPASS」は、インクルーシブ教育システムを推進するために必要な取組すべてを網羅するものではありません。一つの方向性を示した観点として、それぞれの園や学校で取組を行う際や、これまでの取組を振り返る際などに活用していただければ幸いです。

　以上のことを踏まえて、「インクル COMPASS」のコンセプトを次のように掲げています。

（1）園や学校のインクルーシブ教育システムの構築を一層推進するために、現在の取組状況を把握し、その結果を踏まえて今後、取り組むべきことを検討する際のヒントがつかめます。
（2）現状を振り返ることで、園や学校の強みや課題を確認することができます。

「インクル COMPASS」の観点

「インクル COMPASS」では、インクルーシブ教育システムの構築について、7つの観点で整理しています。

| 1. 体制整備 | 2. 施設・設備 | 3. 教育課程 | 4. 指導体制 |

| 5. 交流及び共同学習 | 6. 移行支援 | 7. 研修 |

インクルーシブ教育システム構築に関する7つの観点

「インクル COMPASS」の実施手順

「インクル COMPASS」を活用する手順は、大きく以下のとおりです。

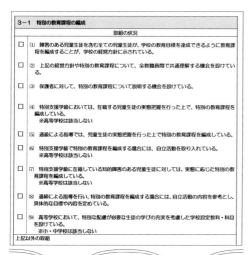

（1）取組の状況についてチェックをする

　園や学校の取組の状況をチェックした上で、各項目の取組の進捗を総合判断し、今後の取組の方向性を検討します。

　7つある観点のうち、園や学校の実情に応じて、チェックしやすい観点からはじめてください。

（2）ナビゲーションシートで整理する

　ナビゲーションシートを使って、各観点の取組の進捗を総覧し、今後優先的に取り組むべき事項を挙げます。

　そして、実際に取り組むべき内容を話し合い、具体的な取組につなげていきましょう。

45

（1）取組の状況についてチェックをしましょう

Q1：誰がチェックをつけるの？

A1：管理職、学年主任、学級担任、特別支援教育コーディネーター等の園や学校の実情を把握されている方がチェックしてください。複数の教職員で、観点や項目ごとに分担したり、相談したりして作成するプロセスも効果的です。

Q2：いつ実施すれば良いの？

A2：年度末に実施して取組を振り返ったり、年度始めに実施して年間計画を検討したりする際に活用してください。

3－2　特別の教育課程の実施

> 取組がなされていると思う項目にチェックします。

	取組の状況
☐	(1) 特別支援学級に在籍している、または、通級による指導を受けている発達障害を含む障害のある児童生徒の指導では、個別の指導計画を作成し、一人一人の指導目標、指導内容及び指導方法を明確にしている。
☐	(2) 特別支援学級に在籍している、または、通級による指導を受けている発達障害を含む障害のある児童生徒の指導に当たっては、教師間で連携している。
☐	(3) 特別支援学級に在籍している児童生徒と通常の学級に在籍している児童生徒との交流及び共同学習が計画的に実施できるように、双方の週時程を作成している。 ※高等学校は該当しない
☐	(4) 特別支援学級に在籍している、または、通級による指導を受けている発達障害を含む障害のある児童生徒の指導に当たっては、必要に応じて指導の内容や方法を改善している。
☐	(5) 通常の学級に在籍する特別な支〔…〕じる困難さに応じた指導を工夫〔…〕

> 上で示された項目以外に取り組んでいることがあれば記載してください。

上記以外の取組

> 各項目の取組状況を踏まえて、総合的にご判断ください。チェックがついた項目の数や種類に基づく明確な基準はありません。このチェック結果を、ナビゲーションシートに反映していただきます。

「取組の状況」と「上記以外の取組」を〔…〕

☐ できている　　☐ どちらとも言えない　　☐ できていない　　➤　（＊☐ 重点的に取り組む必要がある）

＊左側の判断を踏まえて、今後、重点的に取り組む必要があると判断した場合に✔を入れてください。

インクルーシブ教育システム構築の推進に向けた重点的取組の方策案
（上段で、「重点的に取り組む必要がある」と判断した場合に記入してください）

> 上段で「重点的に取り組む必要がある」と判断した場合に記入していただき、振り返りの際にご活用ください。

（2）ナビゲーションシートで全体を整理しましょう

Q1：どのようにして記入すれば良いの？

A1：各ページにある『「取組の状況」と「上記以外の取組」をあわせた上での判断』でチェックをつけた項目を見ながら記入してください。

Q2：「重点的取組の方策案」はどう決めれば良いの？優先順位の決め方は？

A2：園や学校の実情に応じて、総合的に判断してください。「できていない」や「重点的に取り組む必要がある」の項目にチェックがついた項目を取り上げても良いと思います。優先順位についても、無理なく取り組めるようにチェック結果を参考にしてください。

> 『「取組の状況」と「上記以外の取組」をあわせた上での判断』でチェックをつけた項目に○をつけてください。

インクルーシブ教育システムを推進し、主体的取組を支援するための観点

インクル COMPASS

ナビゲーションシート

小・中学校、高等学校用

Ⅰ．インクルーシブ教育システムの構築状況

	できている	どちらとも言えない	できていない	重点的に取り組む必要がある
観点1　体制整備				
(1-1)校内の支援に係る体制整備				
(1-2)周囲の児童生徒及び保護者の理解推進				
(1-3)地域への理解・啓発				
(1-4)管理職のリーダーシップに基づく学校経営				
観点2　施設・設備				
(2-1)バリアフリー施設・設備の整備				
(2-2)合理的配慮の提供に関する施設・設備の整備				
(2-3)教育支援機器の整備				

Ⅱ．インクルーシブ教育システム構築の推進に向けた重点的取組の方策案

優先順位	観点番号	方策案の概要（できるだけ具体的に記載してください）
例	4	通常の学級に在籍する障害のある生徒について、保護者や関係機関との協働により個別の教育支援計画を作成することを通して指導体制の充実を図る。
1		
2		上段の「Ⅰ．インクルーシブ教育システムの構築状況」を俯瞰し、さらなる推進に向けて重点的に取り組む方策を記入してください。項目番号
3		（1-1、2-2…）を挙げてもかまいません。

インクルーシブ教育システムを推進し、主体的取組を支援するための観点

インクル COMPASS

幼稚園・認定こども園・保育所用

●観点1　体制整備

　　インクルーシブ教育システム構築を地域や学校で進めていくためには、園内での支援に係る体制整備が必要である。園等における支援に係る園内の体制整備は、園長のリーダーシップのもと、担当教員等だけでなく組織的に取り組むことが必要である。また、園内の体制整備のためには、周囲の園児及びその保護者、地域の理解が不可欠であるため理解・啓発が重要となる。

1－1　園内の支援に係る体制整備
取組の状況

☐	⑴　特別支援教育の推進を担う部署（例えば、特別支援教育部等）を園内の分掌に位置付けている。
☐	⑵　発達障害を含む障害のある幼児や特別な支援を必要とする幼児の実態把握を行っている。
☐	⑶　発達障害を含む障害のある幼児や特別な支援を必要とする幼児への支援について園としての方針を作成している。
☐	⑷　定期的に園内委員会を開催している。
☐	⑸　全教職員間で、発達障害を含む障害のある幼児や特別な支援を必要とする幼児に関する情報共有の場や機会を設けている。
☐	⑹　特別支援教育コーディネーターが、園内教職員が連携できるように調整を行っている。
☐	⑺　特別支援学校に対し必要に応じて相談できる支援体制を作っている。
☐	⑻　特別支援学校から、助言や援助を受けている。
☐	⑼　特別支援教育担当部が他分掌と連携している。

上記以外の取組

「取組の状況」と「上記以外の取組」をあわせた上での判断

☐ できている　　☐ どちらとも言えない　　☐ できていない　　➤ （＊☐ 重点的に取り組む必要がある）

＊左側の判断を踏まえて、今後、重点的に取り組む必要があると判断した場合に✔を入れてください。

インクルーシブ教育システム構築の推進に向けた重点的取組の方策案 （上段で、「重点的に取り組む必要がある」と判断した場合に記入してください）

インクルーシブ教育システムを推進し、主体的取組を支援するための観点

インクル COMPASS 　　　幼稚園・認定こども園・保育所用

1－2　周囲の幼児及び保護者の理解推進
取組の状況
☐ ⑴　周囲の幼児に対して、発達障害を含む障害のある幼児が有する困難さや関わり方等について伝えている。 ☐ ⑵　同じ園に通っている保護者に対して、発達障害を含む障害のある幼児が有する困難さや配慮等について伝えている。
上記以外の取組
「取組の状況」と「上記以外の取組」をあわせた上での判断 ☐ できている　　☐ どちらとも言えない　　☐ できていない　➤（＊☐ 重点的に取り組む必要がある） ＊左側の判断を踏まえて、今後、重点的に取り組む必要があると判断した場合に✔を入れてください。
インクルーシブ教育システム構築の推進に向けた重点的取組の方策案 （上段で、「重点的に取り組む必要がある」と判断した場合に記入してください）

インクル COMPASS

幼稚園・認定こども園・保育所用

1－3　地域への理解・啓発

	取組の状況
☐	⑴　地域住民に対して、例えば、園だより等で発達障害を含む障害のある幼児やインクルーシブ教育システム等に関する理解・啓発の取組を行っている。

上記以外の取組

「取組の状況」と「上記以外の取組」をあわせた上での判断

☐ できている　　☐ どちらとも言えない　　☐ できていない　　➤　（＊☐ 重点的に取り組む必要がある）

＊左側の判断を踏まえて、今後、重点的に取り組む必要があると判断した場合に✔を入れてください。

インクルーシブ教育システム構築の推進に向けた重点的取組の方策案
（上段で、「重点的に取り組む必要がある」と判断した場合に記入してください）

インクルーシブ教育システムを推進し、主体的取組を支援するための観点

インクル COMPASS

幼稚園・認定こども園・保育所用

1－4　管理職のリーダーシップに基づく園経営

取組の状況
☐　⑴　園の経営計画や年間経営計画の柱の１つとして、特別支援教育の充実に向けた内容を示している。
☐　⑵　特別支援教育コーディネーターを複数名の指名をする等して、特別支援教育コーディネーターが負担感なく業務を行えるように配慮している。
☐　⑶　特別支援教育支援員等の教員以外の人材を配置している。

上記以外の取組

「取組の状況」と「上記以外の取組」をあわせた上での判断

☐ できている　　☐ どちらとも言えない　　☐ できていない　　➤　（＊☐ 重点的に取り組む必要がある）

＊左側の判断を踏まえて、今後、重点的に取り組む必要があると判断した場合に✔を入れてください。

インクルーシブ教育システム構築の推進に向けた重点的取組の方策案
（上段で、「重点的に取り組む必要がある」と判断した場合に記入してください）

インクル COMPASS

幼稚園・認定こども園・保育所用

●観点2　施設・設備

　園の教育環境として、バリアフリー施設・設備や合理的配慮の提供に関する施設・設備を整備することと、教育支援機器等を可能な限り整備することが重要である。

2-1　バリアフリー施設・設備の整備
取組の状況
☐　⑴　園内のバリアフリー施設・設備※の整備状況を把握できる体制を整えている。
☐　⑵　園内のバリアフリー施設・設備の整備について、必要に応じて設置者に要望している。
☐　⑶　園の災害発生時に備え、多機能トイレや停電時でも医療用機器が利用できる防災設備（非常用電源等）の整備について、必要に応じて設置者に要望している。
上記以外の取組
「取組の状況」と「上記以外の取組」をあわせた上での判断 　☐ できている　　☐ どちらとも言えない　　☐ できていない　　➤（＊☐ 重点的に取り組む必要がある） 　　　　　　＊左側の判断を踏まえて、今後、重点的に取り組む必要があると判断した場合に✔を入れてください。
インクルーシブ教育システム構築の推進に向けた重点的取組の方策案 （上段で、「重点的に取り組む必要がある」と判断した場合に記入してください）

※園内のバリアフリー施設・設備としては、多機能トイレや視覚障害者誘導用ブロック、階段昇降機やエレベータ、障害者用駐車スペース等が考えられる。また、合理的配慮の提供に関する施設・設備としては、スロープや手すり、クールダウンスペース等の子どもが安心して過ごせる場所、雑音軽減のための緩衝材等が挙げられる。

インクルーシブ教育システムを推進し、主体的取組を支援するための観点

インクル COMPASS

幼稚園・認定こども園・保育所用

2−2　合理的配慮の提供に関する施設・設備の整備
取組の状況
☐ (1)　合理的配慮の観点から、発達障害を含む障害のある幼児や特別な支援を必要とする幼児が安全かつ円滑に園生活を送ることができるように、施設・設備（例えば、クールダウンの場所、ブラインドやカーテン、危険防止柵等）の整備状況を把握できる体制を整えている。 ☐ (2)　園内での合理的配慮の提供に関する施設・設備（例えば、クールダウンの場所、ブラインドやカーテン、危険防止柵等）について、必要に応じて設置者に要望している。 ☐ (3)　合理的配慮の提供に当たって必要となる施設・設備（例えば、クールダウンの場所、ブラインドやカーテン、危険防止柵等）を整備するために、設置者とともに発達障害を含む障害のある幼児や保護者等と合意形成を図っている。
上記以外の取組
「取組の状況」と「上記以外の取組」をあわせた上での判断 　☐ できている　　☐ どちらとも言えない　　☐ できていない　　➤（＊☐ 重点的に取り組む必要がある） 　　　　　＊左側の判断を踏まえて、今後、重点的に取り組む必要があると判断した場合に✔を入れてください。
インクルーシブ教育システム構築の推進に向けた重点的取組の方策案 （上段で、「重点的に取り組む必要がある」と判断した場合に記入してください）

インクル COMPASS

2-3 教育支援機器の整備

取組の状況

☐ (1) 園における教育支援機器※について、その整備状況を把握している。

☐ (2) 必要な教育支援機器の整備について、必要に応じて設置者に要望している。

☐ (3) 園内の教育支援機器の整備を図るため、必要に応じて特別支援学校のセンター的機能を利用する等、外部から助言を受けている。

上記以外の取組

「取組の状況」と「上記以外の取組」をあわせた上での判断

☐ できている　　☐ どちらとも言えない　　☐ できていない　　➤　(＊☐ 重点的に取り組む必要がある)

　　　　　　＊左側の判断を踏まえて、今後、重点的に取り組む必要があると判断した場合に✔を入れてください。

インクルーシブ教育システム構築の推進に向けた重点的取組の方策案
（上段で、「重点的に取り組む必要がある」と判断した場合に記入してください）

※教育支援機器には、例えばパソコンやタブレット、ソフトウェア等が挙げられる。

インクルーシブ教育システムを推進し、主体的取組を支援するための観点

インクル COMPASS

幼稚園・認定こども園・保育所用

2－4　教室配置及び既存の教室の活用
取組の状況
☐　⑴　発達障害を含む障害のある幼児や特別な支援を必要とする幼児に配慮した教室の配置を工夫している（例えば、発達上の課題に応じた環境への配慮等）。 ☐　⑵　発達障害を含む障害のある幼児や特別な支援を必要とする幼児に配慮して、既存の教室や園内施設（例えば、小部屋や区切られた空間等）を有効に活用している。
上記以外の取組
「取組の状況」と「上記以外の取組」をあわせた上での判断 　☐　できている　　☐　どちらとも言えない　　☐　できていない　　➤　（＊☐　重点的に取り組む必要がある） 　　　　　　　＊左側の判断を踏まえて、今後、重点的に取り組む必要があると判断した場合に✔を入れてください。
インクルーシブ教育システム構築の推進に向けた重点的取組の方策案 （上段で、「重点的に取り組む必要がある」と判断した場合に記入してください）

インクル COMPASS

幼稚園・認定こども園・保育所用

●観点3　教育課程

　教育課程は学校の教育活動の中核をなすものであり、インクルーシブ教育システムの構築においても重要な要素の一つである。園等においては、障害のある子どもを含めた幼児の発達を見通した教育課程を編成し、ＰＤＣＡサイクルに基づいて教育活動の質の向上を図る必要がある。

3-1　教育課程の編成・実施
取組の状況
☐　⑴　障害のある幼児を含む全ての幼児が、園の教育目標を達成できるように教育課程を編成することが、園の経営方針に示されている。 ☐　⑵　個々の幼児の障害の状態等に応じた指導内容や指導方法を工夫する。
上記以外の取組
「取組の状況」と「上記以外の取組」をあわせた上での判断 ☐ できている　　☐ どちらとも言えない　　☐ できていない　　➤（＊☐ 重点的に取り組む必要がある） 　　　　　　　　＊左側の判断を踏まえて、今後、重点的に取り組む必要があると判断した場合に✔を入れてください。
インクルーシブ教育システム構築の推進に向けた重点的取組の方策案 （上段で、「重点的に取り組む必要がある」と判断した場合に記入してください）

インクルーシブ教育システムを推進し、主体的取組を支援するための観点

インクル COMPASS

幼稚園・認定こども園・保育所用

●観点4　指導体制

　園において、特別の教育的支援が必要な幼児に対する指導や支援の充実を図るためには、園等の状況を踏まえて方針を作成し、指導体制を整備することが大切である。園内においては、特別支援教育コーディネーターや特別支援教育支援員等の役割の明確化とその活用、個別の教育支援計画や個別の指導計画の作成と活用が求められる。

4−1　指導体制の整備・充実
取組の状況
□　⑴　発達障害を含む障害のある幼児や特別な支援を必要とする幼児に関する情報共有をするための会議を設定している。
□　⑵　上記の情報共有の会議は、全教職員（特別支援教育支援員等を含む）が参加する形で、定期的に実施している。
□　⑶　発達障害を含む障害のある幼児に対して、個別の教育支援計画を作成・活用している。
□　⑷　個別の教育支援計画の作成・活用に当たっては、保護者の意向を踏まえて作成している。
□　⑸　発達障害を含む障害のある幼児に対して、個別の指導計画を作成・活用している。
□　⑹　個別の教育支援計画や個別の指導計画に合理的配慮に関する内容を含めている。
□　⑺　個別の教育支援計画、個別の指導計画は、定期的に見直しを行っている。
□　⑻　発達障害を含む障害のある幼児や特別な支援を必要とする幼児の実態に合わせた教材を作成している。
□　⑼　発達障害を含む障害のある幼児や特別な支援を必要とする幼児の実態に合わせて指導形態を工夫している。
上記以外の取組
「取組の状況」と「上記以外の取組」をあわせた上での判断 　□　できている　　□　どちらとも言えない　　□　できていない　➤　（＊□　重点的に取り組む必要がある） 　　　　　　＊左側の判断を踏まえて、今後、重点的に取り組む必要があると判断した場合に✔を入れてください。
インクルーシブ教育システム構築の推進に向けた重点的取組の方策案 （上段で、「重点的に取り組む必要がある」と判断した場合に記入してください）

インクル COMPASS

幼稚園・認定こども園・保育所用

4－2　地域の関係機関の連携

取組の状況

- ☐ ⑴　必要に応じて外部の専門家の派遣を要請し、指導及び支援内容に関する助言を受けている。

- ☐ ⑵　特別支援学校のセンター的機能を活用して特別支援学校の教員から指導や支援内容に関する助言を受けている。

- ☐ ⑶　医療的ケアが必要な幼児に対して、必要な人材を配置して支援を行っている。

- ☐ ⑷　幼児の実態やニーズに応じて、他機関（行政・医療・療育・教育機関等）と連携して支援を行っている。

上記以外の取組

「取組の状況」と「上記以外の取組」をあわせた上での判断

☐ できている　　☐ どちらとも言えない　　☐ できていない　　➤　（＊☐ 重点的に取り組む必要がある）

＊左側の判断を踏まえて、今後、重点的に取り組む必要があると判断した場合に✔を入れてください。

インクルーシブ教育システム構築の推進に向けた重点的取組の方策案
（上段で、「重点的に取り組む必要がある」と判断した場合に記入してください）

インクルーシブ教育システムを推進し、主体的取組を支援するための観点

インクル COMPASS

4－3　幼児及び保護者の理解推進

取組の状況

☐　(1)　発達障害を含む障害のある幼児とその保護者に対して、例えば学びの場や具体的な指導・支援等に関する説明を行っている。

☐　(2)　発達障害を含む障害のある幼児に対する合理的配慮について、園と本人や保護者との間で合意形成を行うための相談・協議をする機会を設けている。

上記以外の取組

「取組の状況」と「上記以外の取組」をあわせた上での判断

☐　できている　　☐　どちらとも言えない　　☐　できていない　　➤　（＊☐　重点的に取り組む必要がある）

＊左側の判断を踏まえて、今後、重点的に取り組む必要があると判断した場合に✔を入れてください。

インクルーシブ教育システム構築の推進に向けた重点的取組の方策案
（上段で、「重点的に取り組む必要がある」と判断した場合に記入してください）

インクル COMPASS

●観点5　交流及び共同学習

　交流及び共同学習は、障害のある幼児が地域に根差して豊かな生活を送り、社会参加するために重要な教育活動である。このため、周囲が、日々の授業やスポーツ、文化・芸術活動等での交流を通して、障害のある幼児の特性や可能性を知ること、また、障害のある幼児と障害のない幼児の相互理解を図ることが大切である。

5−1　交流及び共同学習の実施のための具体的な取組
取組の状況

☐	⑴	園全体で取り組み、教職員間で交流及び共同学習の目的や内容等を共有している。
☐	⑵	園独自に、交流及び共同学習推進のための手引きやガイドライン等を作成している。
☐	⑶	交流及び共同学習推進のための手引きやガイドライン等を活用している。
☐	⑷	交流及び共同学習を教育課程に位置づけている。
☐	⑸	交流及び共同学習を推進するための部署を園の分掌に位置づけている。
☐	⑹	交流及び共同学習が継続的・計画的に行われるように、年間計画を作成している。
☐	⑺	交流先と連絡会や打ち合わせ等を行っている。
☐	⑻	交流先と教員等の付き添いや活動を調整している。
☐	⑼	居住地校交流を実施している。
☐	⑽	居住地校交流先と教員等の付き添いや活動を調整している。
☐	⑾	交流及び共同学習対象の幼児の靴箱、ロッカー、座席等を設置している。
☐	⑿	交流先と事後連絡会等を行い、課題を共有している。

上記以外の取組

「取組の状況」と「上記以外の取組」をあわせた上での判断

　☐ できている　　☐ どちらとも言えない　　☐ できていない　➣（＊☐ 重点的に取り組む必要がある）

　　　　　　　＊左側の判断を踏まえて、今後、重点的に取り組む必要があると判断した場合に✔を入れてください。

インクルーシブ教育システム構築の推進に向けた重点的取組の方策案
　（上段で、「重点的に取り組む必要がある」と判断した場合に記入してください）

インクルーシブ教育システムを推進し、主体的取組を支援するための観点

インクル COMPASS

幼稚園・認定こども園・保育所用

5-2　障害のある人との交流と理解・啓発

取組の状況
☐ ⑴　障害のある者とない者が相互に理解し合うための「心のバリアフリー」※学習を実施している。
☐ ⑵　障害のある大人や地域における高齢者等、同世代以外の人と世代を超えた交流を行っている。
☐ ⑶　障害のある子どものスポーツ大会や作品展示会等のイベントに参加している。
☐ ⑷　日常の園生活において、障害者理解に関わる指導を行っている。

上記以外の取組

「取組の状況」と「上記以外の取組」をあわせた上での判断

☐ できている　　☐ どちらとも言えない　　☐ できていない　　➤　（＊☐ 重点的に取り組む必要がある）

＊左側の判断を踏まえて、今後、重点的に取り組む必要があると判断した場合に✔を入れてください。

インクルーシブ教育システム構築の推進に向けた重点的取組の方策案
（上段で、「重点的に取り組む必要がある」と判断した場合に記入してください）

※「心のバリアフリー」とは、学校における交流及び共同学習を通じた障害者理解（心のバリアフリー）の推進事業のことです。本事業は、障害者の権利に関する条約や障害者基本法の規定等を踏まえ、2020 年オリンピック・パラリンピック東京大会の開催を契機として、障害のある子どもと障害のない子どもが一緒に障害者スポーツを行う、障害者アスリートの体験談を聞くなどの障害者スポーツを通した交流及び共同学習を実施することにより、互いの個性や多様性を認め合える共生社会の形成に向けた取組につなげるとともに、インクルーシブ教育システム構築のための特別支援教育の推進に資するものです。

インクル COMPASS

幼稚園・認定こども園・保育所用

●観点6　移行支援

　就学先の決定に当たっては、早期からの相談を行い、発達障害を含む障害のある幼児の可能性を最も伸長する教育が行われることを前提に、本人・保護者の意見を可能な限り尊重した上で、総合的な判断をすることが重要である。園が、家庭及び医療、福祉、保健等の関係機関や特別支援学校と連携を図り、長期的な視点で支援が必要な子どもへの教育的支援を行う必要がある。

6－1　就学支援システムづくり
取組の状況
☐　⑴　発達障害を含む障害のある幼児の支援を小学校へ繋げるために、例えば「就学支援シート」や「相談支援ファイル」等を活用して支援の引継ぎを行っている。
☐　⑵　保護者に対して就学に関する情報提供を行っている。
☐　⑶　保護者に対して、就学に関する早期からの教育相談を行っている。
☐　⑷　保護者に対して学校見学の情報を提供している。
☐　⑸　発達障害を含む障害のある幼児の学びの場を継続的に検討している。
上記以外の取組
「取組の状況」と「上記以外の取組」をあわせた上での判断 　☐ できている　　☐ どちらとも言えない　　☐ できていない　　➤　（＊☐ 重点的に取り組む必要がある） 　　　　　　＊左側の判断を踏まえて、今後、重点的に取り組む必要があると判断した場合に✔を入れてください。
インクルーシブ教育システム構築の推進に向けた重点的取組の方策案 （上段で、「重点的に取り組む必要がある」と判断した場合に記入してください）

インクルーシブ教育システムを推進し、主体的取組を支援するための観点

インクル COMPASS

●観点7　研修

　インクルーシブ教育システム構築のためには、特別支援教育に関して、全ての教職員が一定の知識・技能等を有していること、特別支援教育に関する専門性の向上を図ることが必要である。さらに、インクルーシブ教育システムとは何かについて、教職員の理解を促していくことが重要である。

7－1　園内における専門性の向上のための取組
取組の状況
☐　(1)　園全体で、全ての教職員が、特別支援教育に関する知識について学ぶ仕組みを作っている。
☐　(2)　特別支援教育コーディネーターの専門性の向上を図っている。
☐　(3)　外部人材を活用し、園全体としての専門性の向上を図っている。
上記以外の取組
「取組の状況」と「上記以外の取組」をあわせた上での判断 　☐ できている　　☐ どちらとも言えない　　☐ できていない　　➤　（＊☐ 重点的に取り組む必要がある） 　　　　　　＊左側の判断を踏まえて、今後、重点的に取り組む必要があると判断した場合に✔を入れてください。
インクルーシブ教育システム構築の推進に向けた重点的取組の方策案 （上段で、「重点的に取り組む必要がある」と判断した場合に記入してください）

インクル COMPASS

7－2　園内における研修の実施

取組の状況
☐　⑴　園内において特別支援教育に関する研修を実施している。 ☐　⑵　園内においてインクルーシブ教育システムに関する研修を実施している。

上記以外の取組

「取組の状況」と「上記以外の取組」をあわせた上での判断

☐ できている　　☐ どちらとも言えない　　☐ できていない　　➤（＊☐ 重点的に取り組む必要がある）

＊左側の判断を踏まえて、今後、重点的に取り組む必要があると判断した場合に✔を入れてください。

インクルーシブ教育システム構築の推進に向けた重点的取組の方策案
（上段で、「重点的に取り組む必要がある」と判断した場合に記入してください）

インクルーシブ教育システムを推進し、主体的取組を支援するための観点

インクル COMPASS

幼稚園・認定こども園・保育所用

7－3　校外研修を活用した理解・専門性の向上

取組の状況

☐　⑴　市区町村教育委員会等が主催する特別支援教育に関する研修に教職員が参加している。

☐　⑵　市区町村教育委員会等が主催するインクルーシブ教育システムに関する研修に、教職員が参加している。

☐　⑶　研修を受けた教職員は、その内容を他の教職員に伝達している。

上記以外の取組

「取組の状況」と「上記以外の取組」をあわせた上での判断

☐　できている　　☐　どちらとも言えない　　☐　できていない　　➤　（＊☐　重点的に取り組む必要がある）

＊左側の判断を踏まえて、今後、重点的に取り組む必要があると判断した場合に✔を入れてください。

インクルーシブ教育システム構築の推進に向けた重点的取組の方策案
（上段で、「重点的に取り組む必要がある」と判断した場合に記入してください）

インクルーシブ教育システムを推進し、主体的取組を支援するための観点

インクル COMPASS

小・中学校、高等学校用

●観点1　体制整備

　インクルーシブ教育システムを地域や学校で推進していくためには、学校の特別支援教育に関する体制整備が必要である。教育委員会の設置者においては、この体制整備に当たり、関係機関相互の役割を明確にした上で連携を進めるとともに、専門家チームを編制する等の学校を支える仕組づくりが求められる。また、学校においては、校長のリーダーシップのもと、担当教員だけにまかせるのではなく、全校で組織的に取り組むことが必要である。そして、校内の体制整備を円滑に進めるためには、周囲の児童生徒及びその保護者、地域に対する理解・啓発が重要となる。

1－1　校内の支援に係る体制整備
取組の状況
☐　⑴　特別支援教育の推進を担う部署（例えば、特別支援教育部等）を校務分掌に位置付けている。
☐　⑵　発達障害を含む障害のある児童生徒や特別な支援を必要とする児童生徒の実態把握を行っている。
☐　⑶　発達障害を含む障害のある児童生徒や特別な支援を必要とする児童生徒への支援についての学校としての方針を作成している。
☐　⑷　定期的に校内委員会を開催している。
☐　⑸　全教職員間で、発達障害を含む障害のある児童生徒や特別な支援を必要とする児童生徒に関する情報共有の場や機会を設けている。
☐　⑹　特別支援教育コーディネーターが、校内で教職員が連携できるよう調整を行っている。
☐　⑺　特別支援学級担任や通級による指導の担当教員が、通常の学級への支援や特別支援教育の推進の役割を担っている。
☐　⑻　特別支援学校に対し必要に応じて相談できる体制を作っている。
☐　⑼　特別支援学校から、助言や援助を受けている。
☐　⑽　特別支援教育担当部が他分掌（例えば、教務部等）と連携している。
上記以外の取組
「取組の状況」と「上記以外の取組」をあわせた上での判断
☐　できている　　☐　どちらとも言えない　　☐　できていない　　➤　（＊☐　重点的に取り組む必要がある） ＊左側の判断を踏まえて、今後、重点的に取り組む必要があると判断した場合に✔を入れてください。
インクルーシブ教育システム構築の推進に向けた重点的取組の方策案 （上段で、「重点的に取り組む必要がある」と判断した場合に記入してください）

インクルーシブ教育システムを推進し、主体的取組を支援するための観点

インクル COMPASS

小・中学校、高等学校用

1－2　周囲の児童生徒及び保護者の理解推進

取組の状況

☐　⑴　周囲の児童生徒（例えば、同級生や交流先の児童生徒等）に対して、発達障害を含む障害のある児童生徒が有する困難さや関わり方等について伝えている。

☐　⑵　同じ小・中学校、高等学校等に通っている保護者に対して、発達障害を含む障害のある児童生徒が有する困難さや配慮等について伝えている。

上記以外の取組

「取組の状況」と「上記以外の取組」をあわせた上での判断

☐ できている　　☐ どちらとも言えない　　☐ できていない　＞（＊☐ 重点的に取り組む必要がある）

＊左側の判断を踏まえて、今後、重点的に取り組む必要があると判断した場合に✔を入れてください。

インクルーシブ教育システム構築の推進に向けた重点的取組の方策案
（上段で、「重点的に取り組む必要がある」と判断した場合に記入してください）

1－3　地域への理解・啓発

取組の状況
☐ (1)　地域住民に対して、例えば、学校だより等で発達障害を含む障害のある児童生徒やインクルーシブ教育システム等に関する理解・啓発の取組を行っている。

上記以外の取組

「取組の状況」と「上記以外の取組」をあわせた上での判断

☐ できている　　☐ どちらとも言えない　　☐ できていない　➤　（＊☐ 重点的に取り組む必要がある）

＊左側の判断を踏まえて、今後、重点的に取り組む必要があると判断した場合に✔を入れてください。

インクルーシブ教育システム構築の推進に向けた重点的取組の方策案
（上段で、「重点的に取り組む必要がある」と判断した場合に記入してください）

インクルーシブ教育システムを推進し、主体的取組を支援するための観点

インクル COMPASS

小・中学校、高等学校用

1－4　管理職のリーダーシップに基づく学校経営

取組の状況
☐ ⑴　学校の経営方針や年間経営計画の柱の１つとして、特別支援教育の充実に向けた内容を示している。
☐ ⑵　特別支援教育コーディネーターを複数指名する等して、特別支援教育コーディネーターが負担感なく業務を行えるように配慮している。
☐ ⑶　特別支援教育支援員や特別支援教育に係るボランティアの教員以外の人材を配置している。
☐ ⑷　特別支援学校教諭免許状を保有している教員を、特別支援学級の担任や通級による指導の担当者として配置している。

上記以外の取組

「取組の状況」と「上記以外の取組」をあわせた上での判断

☐ できている　　☐ どちらとも言えない　　☐ できていない　　➤（＊☐ 重点的に取り組む必要がある）

＊左側の判断を踏まえて、今後、重点的に取り組む必要があると判断した場合に✔を入れてください。

インクルーシブ教育システム構築の推進に向けた重点的取組の方策案
（上段で、「重点的に取り組む必要がある」と判断した場合に記入してください）

インクル COMPASS

●観点2　施設・設備

　学校の教育環境として、バリアフリー施設・設備や合理的配慮の提供に関する施設・設備を整備することと、教育支援機器等を可能な限り整備することが重要である。

2−1　バリアフリー施設・設備の整備
取組の状況
☐　(1)　学校内のバリアフリー施設・設備※の整備状況を把握できる体制を整えている。
☐　(2)　学校内のバリアフリー施設・設備の整備について、必要に応じて教育委員会に要望している。
☐　(3)　学校の災害発生時に備え、多機能トイレや停電時でも医療用機器が利用できる防災設備（非常用電源等）の整備について、必要に応じて教育委員会に要望している。

上記以外の取組

「取組の状況」と「上記以外の取組」をあわせた上での判断

　☐ できている　　☐ どちらとも言えない　　☐ できていない　➤　（＊☐ 重点的に取り組む必要がある）

　　　　　＊左側の判断を踏まえて、今後、重点的に取り組む必要があると判断した場合に✔を入れてください。

インクルーシブ教育システム構築の推進に向けた重点的取組の方策案
（上段で、「重点的に取り組む必要がある」と判断した場合に記入してください）

※小・中学校、高等学校内のバリアフリー施設・設備としては、多機能トイレや視覚障害者誘導用ブロック、階段昇降機やエレベータ、障害者用駐車スペース等が考えられる。また、合理的配慮の提供に関する施設・設備としては、スロープや手すり、クールダウンスペース等の子どもが安心して過ごせる場所、雑音軽減のための緩衝材等が挙げられる。

インクルーシブ教育システムを推進し、主体的取組を支援するための観点

インクル COMPASS

小・中学校、高等学校用

2－2　合理的配慮の提供に関する施設・設備の整備

取組の状況
☐ ⑴　合理的配慮の観点から、発達障害を含む障害のある児童生徒や特別な支援を必要とする児童生徒が安全かつ円滑に学校生活を送ることができるように、施設・設備（例えば、クールダウンの場所、ブラインドやカーテン、危険防止柵等）の整備状況を把握できる体制を整えている。
☐ ⑵　学校内での合理的配慮の提供に関する施設・設備（例えば、クールダウンの場所、ブラインドやカーテン、危険防止柵等）について、必要に応じて教育委員会に要望している。
☐ ⑶　合理的配慮の提供に当たって必要となる施設・設備（例えば、クールダウンの場所、ブラインドやカーテン、危険防止柵等）を整備するために、教育委員会とともに発達障害を含む障害のある児童生徒や保護者等と合意形成を図っている。

上記以外の取組

「取組の状況」と「上記以外の取組」をあわせた上での判断

☐ できている　　☐ どちらとも言えない　　☐ できていない　　➤　（＊☐ 重点的に取り組む必要がある）

＊左側の判断を踏まえて、今後、重点的に取り組む必要があると判断した場合に✔を入れてください。

インクルーシブ教育システム構築の推進に向けた重点的取組の方策案 （上段で、「重点的に取り組む必要がある」と判断した場合に記入してください）

インクル COMPASS

小・中学校、高等学校用

2－3　教育支援機器の整備

取組の状況

☐　(1)　学校における教育支援機器※について、整備状況を把握している。

☐　(2)　必要な教育支援機器の整備について、必要に応じて教育委員会に要望している。

☐　(3)　校内の教育支援機器の整備を図るため、必要に応じて特別支援学校のセンター的機能を利用する等、外部からの助言を受けている。

上記以外の取組

「取組の状況」と「上記以外の取組」をあわせた上での判断

☐ できている　　☐ どちらとも言えない　　☐ できていない　　➤（＊☐ 重点的に取り組む必要がある）

＊左側の判断を踏まえて、今後、重点的に取り組む必要があると判断した場合に✔を入れてください。

インクルーシブ教育システム構築の推進に向けた重点的取組の方策案
（上段で、「重点的に取り組む必要がある」と判断した場合に記入してください）

※教育支援機器には、例えばパソコンやタブレット、ソフトウェア等が挙げられる。

インクルーシブ教育システムを推進し、主体的取組を支援するための観点

インクル COMPASS

小・中学校、高等学校用

2−4　教室配置及び既存の教室の活用

取組の状況
☐	(1)　発達障害を含む障害のある児童生徒や特別な支援を必要とする児童生徒に配慮した教室の配置を工夫している（例えば、発達上の課題に応じた環境への配慮、学年進行に応じて普通教室や特別支援学級の教室配置を見直す等）。
☐	(2)　発達障害を含む障害のある児童生徒や特別な支援を必要とする児童生徒に配慮して、既存の教室や校内施設（例えば、小部屋や区切られた空間等）を有効に活用している。

上記以外の取組

「取組の状況」と「上記以外の取組」をあわせた上での判断

☐ できている　　☐ どちらとも言えない　　☐ できていない　➤（＊☐ 重点的に取り組む必要がある）

＊左側の判断を踏まえて、今後、重点的に取り組む必要があると判断した場合に✔を入れてください。

インクルーシブ教育システム構築の推進に向けた重点的取組の方策案
（上段で、「重点的に取り組む必要がある」と判断した場合に記入してください）

インクル COMPASS

小・中学校、高等学校用

●観点3 教育課程

　教育課程は学校の教育活動の中核をなすものであり、インクルーシブ教育システムの構築においても重要な要素の一つである。特別支援学級、または、通級による指導において特別の教育課程を編成及び実施するに当たっては、ＰＤＣＡサイクルに基づいて教育活動の質の向上を図る必要がある。

3－1　　特別の教育課程の編成
取組の状況
☐ ⑴　障害のある児童生徒を含む全ての児童生徒が、学校の教育目標を達成できるように教育課程を編成することが、学校の経営方針に示されている。
☐ ⑵　上記の経営方針や特別の教育課程について、全教職員間で共通理解する機会を設けている。
☐ ⑶　保護者に対して、特別の教育課程について説明する機会を設けている。
☐ ⑷　特別支援学級においては、在籍する児童生徒の実態把握を行った上で、特別の教育課程を編成している。 　　※高等学校は該当しない
☐ ⑸　通級による指導では、児童生徒の実態把握を行った上で特別の教育課程を編成している。
☐ ⑹　特別支援学級で特別の教育課程を編成する場合には、自立活動を取り入れている。 　　※高等学校は該当しない
☐ ⑺　特別支援学級に在籍している知的障害のある児童生徒に対しては、実態に応じた特別の教育課程を編成している。 　　※高等学校は該当しない
☐ ⑻　通級による指導を行い、特別の教育課程を編成する場合には、自立活動の内容を参考とし、具体的な目標や内容を定めている。
☐ ⑼　高等学校において、特別な配慮が必要な生徒の学びの充実を考慮した学校設定教科・科目を設けている。 　　※小・中学校は該当しない
上記以外の取組
「取組の状況」と「上記以外の取組」をあわせた上での判断 　☐ できている　　☐ どちらとも言えない　　☐ できていない　　＞（＊☐ 重点的に取り組む必要がある） 　　　　　　　＊左側の判断を踏まえて、今後、重点的に取り組む必要があると判断した場合に✔を入れてください。
インクルーシブ教育システム構築の推進に向けた重点的取組の方策案 （上段で、「重点的に取り組む必要がある」と判断した場合に記入してください）

インクルーシブ教育システムを推進し、主体的取組を支援するための観点

インクル COMPASS

小・中学校、高等学校用

3－2　特別の教育課程の実施

取組の状況

☐　⑴　特別支援学級に在籍している、または、通級による指導を受けている発達障害を含む障害のある児童生徒の指導では、個別の指導計画を作成し、一人ひとりの指導目標、指導内容及び指導方法を明確にしている。

☐　⑵　特別支援学級に在籍している、または、通級による指導を受けている発達障害を含む障害のある児童生徒の指導に当たっては、教員間で連携している。

☐　⑶　特別支援学級に在籍している児童生徒と通常の学級に在籍している児童生徒との交流及び共同学習が計画的に実施できるように、双方の週時程を作成している。
　　　※高等学校は該当しない

☐　⑷　特別支援学級に在籍している、または、通級による指導を受けている発達障害を含む障害のある児童生徒の指導に当たっては、必要に応じて指導の内容や方法を改善している。

☐　⑸　通常の学級に在籍する特別な支援を必要とする児童生徒に対し、学習活動を行う場合に生じる困難さに応じた指導を工夫している。

上記以外の取組

「取組の状況」と「上記以外の取組」をあわせた上での判断

☐　できている　　☐　どちらとも言えない　　☐　できていない　　➤　（＊☐　重点的に取り組む必要がある）

　　　　　＊左側の判断を踏まえて、今後、重点的に取り組む必要があると判断した場合に✔を入れてください。

インクルーシブ教育システム構築の推進に向けた重点的取組の方策案
（上段で、「重点的に取り組む必要がある」と判断した場合に記入してください）

インクル COMPASS

●観点4 指導体制

　小・中学校、高等学校等において、特別の教育的支援が必要な児童生徒に対する指導や支援の充実を図るためには、学校現場の状況を踏まえて方針を作成し、指導体制を整備することが大切である。校内においては、特別支援教育コーディネーターや特別支援教育支援員等の役割の明確化とその活用、個別の教育支援計画や個別の指導計画の作成と活用が求められる。

4－1　指導体制の整備・充実

取組の状況
□ ⑴　発達障害を含む障害のある児童生徒や特別な支援を必要とする児童生徒に関する情報共有をするための会議を設定している。
□ ⑵　上記の情報共有の会議は、全教職員（特別支援教育支援員等を含む）が参加する形で、定期的に実施している。
□ ⑶　通常の学級に在籍する障害のある児童生徒や特別な支援を必要とする児童生徒に対して、個別の教育支援計画を作成・活用している。
□ ⑷　特別支援学級に在籍するすべての児童生徒、または、通級による指導を受けているすべての児童生徒に対して、個別の教育支援計画を作成・活用している。
□ ⑸　個別の教育支援計画の作成に当たっては、保護者の意向を踏まえて作成・活用している。
□ ⑹　通常の学級に在籍する障害のある児童生徒や特別な支援を必要とする児童生徒に対して、個別の指導計画を作成・活用している。
□ ⑺　特別支援学級に在籍するすべての児童生徒、または、通級による指導を受けているすべての児童生徒に対して、個別の指導計画を作成・活用している。
□ ⑻　個別の教育支援計画、個別の指導計画に合理的配慮に関する内容を含めている。
□ ⑼　個別の教育支援計画、個別の指導計画は、定期的に見直しを行っている。
□ ⑽　発達障害を含む障害のある児童生徒や特別な支援を必要とする児童生徒の実態に合わせた教材を作成している。
□ ⑾　発達障害を含む障害のある児童生徒や特別な支援を必要とする児童生徒の実態に合わせて指導形態を工夫している。
□ ⑿　発達障害を含む障害のある児童生徒や特別な支援を必要とする児童生徒の困難さやニーズを考慮してテスト（試験・定期考査等）を実施している。

上記以外の取組

「取組の状況」と「上記以外の取組」をあわせた上での判断

　　□ できている　　□ どちらとも言えない　　□ できていない　＞（＊□ 重点的に取り組む必要がある）

＊左側の判断を踏まえて、今後、重点的に取り組む必要があると判断した場合に✔を入れてください。

インクルーシブ教育システム構築の推進に向けた重点的取組の方策案
（上段で、「重点的に取り組む必要がある」と判断した場合に記入してください）

インクルーシブ教育システムを推進し、主体的取組を支援するための観点

インクル COMPASS

小・中学校、高等学校用

4－2　地域の関係機関の連携

取組の状況
☐ (1)　必要に応じて教育委員会が編成する専門家チームの派遣を要請し、指導及び支援内容に関する助言を受けている。
☐ (2)　特別支援学校のセンター的機能を活用して特別支援学校の教員から指導や支援内容に関する助言を受けている。
☐ (3)　医療的ケアが必要な児童生徒に対して、必要な人材を配置して支援を行っている。
☐ (4)　児童生徒の実態やニーズに応じて、他機関（行政・医療・療育・教育機関等）と連携して支援を行っている。

上記以外の取組

「取組の状況」と「上記以外の取組」をあわせた上での判断

☐ できている　　☐ どちらとも言えない　　☐ できていない　　➤　（＊☐ 重点的に取り組む必要がある）

＊左側の判断を踏まえて、今後、重点的に取り組む必要があると判断した場合に✔を入れてください。

インクルーシブ教育システム構築の推進に向けた重点的取組の方策案
（上段で、「重点的に取り組む必要がある」と判断した場合に記入してください）

4－3　児童生徒及び保護者の理解推進

取組の状況

☐ ⑴　発達障害を含む障害のある児童生徒とその保護者に対して、例えば学びの場や具体的な指導・支援等に関する説明を行っている。

☐ ⑵　発達障害を含む障害のある児童生徒に対する合理的配慮について、学校と本人や保護者との間で合意形成を行うための相談・協議をする機会を設けている。

上記以外の取組

「取組の状況」と「上記以外の取組」をあわせた上での判断

☐ できている　　☐ どちらとも言えない　　☐ できていない　　➤　（＊☐ 重点的に取り組む必要がある）

＊左側の判断を踏まえて、今後、重点的に取り組む必要があると判断した場合に✔を入れてください。

インクルーシブ教育システム構築の推進に向けた重点的取組の方策案
（上段で、「重点的に取り組む必要がある」と判断した場合に記入してください）

インクルーシブ教育システムを推進し、主体的取組を支援するための観点

インクル COMPASS

小・中学校、高等学校用

●観点５　交流及び共同学習

　交流及び共同学習は、障害のある児童生徒が地域に根差して豊かな生活を送り、社会参加するために重要な教育活動である。このため、周囲が、日々の授業やスポーツ、文化・芸術活動等での交流を通して、障害のある児童生徒の特性や可能性を知ること、また、障害のある児童生徒と障害のない児童生徒の相互理解を図ることが大切である。

５－１　交流及び共同学習の実施のための具体的な取組
取組の状況
☐　⑴　学校全体で取り組み、教職員間で交流及び共同学習の目的や内容等を共有している。
☐　⑵　学校独自に、交流及び共同学習推進のための手引きやガイドライン等を作成している。
☐　⑶　教育委員会、文部科学省等が作成している交流及び共同学習推進のための手引きやガイドライン等を活用している。
☐　⑷　交流及び共同学習を教育課程に位置づけている。
☐　⑸　交流及び共同学習を推進するための部署を校務分掌に位置づけている。
☐　⑹　交流及び共同学習が継続的・計画的に行われるように、年間計画を作成している。
☐　⑺　学校間で役割分担を行い、連絡会や打ち合わせ等を行っている。
☐　⑻　（特別支援学級を設置している小・中学校においては）通常の学級と特別支援学級との交流及び共同学習を実施している。 　※高等学校は該当しない
☐　⑼　学校間交流を実施している。
☐　⑽　交流先と教員等の付き添いや時間割を調整している。
☐　⑾　居住地校交流を実施している。
☐　⑿　居住地校交流先と教員等の付き添いや時間割を調整している。
☐　⒀　交流及び共同学習対象の児童生徒の靴箱、ロッカー、座席等を設置している。
☐　⒁　交流先と事後連絡会等を行い、課題を共有している。
上記以外の取組
「取組の状況」と「上記以外の取組」をあわせた上での判断 　☐　できている　　☐　どちらとも言えない　　☐　できていない　　➤　（＊☐　重点的に取り組む必要がある） 　　　　　＊左側の判断を踏まえて、今後、重点的に取り組む必要があると判断した場合に✔を入れてください。
インクルーシブ教育システム構築の推進に向けた重点的取組の方策案 （上段で、「重点的に取り組む必要がある」と判断した場合に記入してください）

インクル COMPASS

5－2　障害のある人との交流と理解・啓発

取組の状況

☐　⑴　障害のある者とない者が相互に理解し合うための「心のバリアフリー」※学習を実施している。

☐　⑵　障害のある大人や地域における高齢者等、同世代以外の人と世代を超えた交流を行っている。

☐　⑶　障害のある子どものスポーツ大会や作品展示会等のイベントに参加している。

☐　⑷　日常の学校生活において、障害者理解に関わる指導を行っている。

上記以外の取組

「取組の状況」と「上記以外の取組」をあわせた上での判断

☐ できている　　☐ どちらとも言えない　　☐ できていない　➤（＊☐ 重点的に取り組む必要がある）

＊左側の判断を踏まえて、今後、重点的に取り組む必要があると判断した場合に✔を入れてください。

インクルーシブ教育システム構築の推進に向けた重点的取組の方策案
（上段で、「重点的に取り組む必要がある」と判断した場合に記入してください）

※「心のバリアフリー」とは、学校における交流及び共同学習を通じた障害者理解（心のバリアフリー）の推進事業のことです。本事業は、障害者の権利に関する条約や障害者基本法の規定等を踏まえ、2020年オリンピック・パラリンピック東京大会の開催を契機として、障害のある子どもと障害のない子どもが一緒に障害者スポーツを行う、障害者アスリートの体験談を聞くなどの障害者スポーツを通した交流及び共同学習を実施することにより、互いの個性や多様性を認め合える共生社会の形成に向けた取組につなげるとともに、インクルーシブ教育システム構築のための特別支援教育の推進に資するものです。

インクルーシブ教育システムを推進し、主体的取組を支援するための観点

インクル COMPASS

小・中学校、高等学校用

●観点6　移行支援

　就学先・就労先の決定に当たっては、早期からの相談を行い、発達障害を含む障害のある児童生徒の可能性を最も伸長する教育が行われることを前提に、本人・保護者の意見を可能な限り尊重した上で、総合的に判断をすることが重要である。小・中学校、高等学校が、家庭及び医療、福祉、保健、労働等の関係機関や特別支援学校と連携を図り、長期的な視点で支援が必要な子どもへの教育的支援を行う必要がある。

6－1　就学支援システムづくり
※中学校、高等学校は該当しない

	取組の状況
☐	⑴　発達障害を含む障害のある幼児の支援を小学校へ繋げるために、例えば「就学支援シート」や「相談支援ファイル」等を活用して支援の引継ぎを行っている。
☐	⑵　特別な支援を必要とする子どもや保護者に対して就学に関する情報提供を行っている。
☐	⑶　特別な支援を必要とする子どもや保護者に対して、就学に関する早期からの教育相談を行っている。
☐	⑷　特別な支援を必要とする子どもと保護者に対して、学校見学の機会を提供している。
☐	⑸　発達障害を含む障害のある子どもの学びの場を継続的に検討している。

上記以外の取組

「取組の状況」と「上記以外の取組」をあわせた上での判断

☐　できている　　☐　どちらとも言えない　　☐　できていない　　➤　（＊☐　重点的に取り組む必要がある）

　　　　＊左側の判断を踏まえて、今後、重点的に取り組む必要があると判断した場合に✔を入れてください。

インクルーシブ教育システム構築の推進に向けた重点的取組の方策案
（上段で、「重点的に取り組む必要がある」と判断した場合に記入してください）

6－2　就労支援システムづくり

※小学校は該当しない

取組の状況
☐　⑴　就労支援に関する情報収集を行っている。
☐　⑵　就労支援に関わる諸機関とネットワークを構築している。
☐　⑶　保護者や特別な支援を必要とする生徒に対して、就労に関する情報を提供している。
☐　⑷　就労支援機関から専門的な助言を受けている。
☐　⑸　発達障害を含む障害のある生徒の希望や特性等を踏まえた就労支援を行うようにしている。

上記以外の取組

「取組の状況」と「上記以外の取組」をあわせた上での判断

☐ できている　　☐ どちらとも言えない　　☐ できていない　　➤　（＊☐ 重点的に取り組む必要がある）

＊左側の判断を踏まえて、今後、重点的に取り組む必要があると判断した場合に✔を入れてください。

インクルーシブ教育システム構築の推進に向けた重点的取組の方策案
（上段で、「重点的に取り組む必要がある」と判断した場合に記入してください）

インクルーシブ教育システムを推進し、主体的取組を支援するための観点

インクル COMPASS

●観点7　研修

　インクルーシブ教育システム構築のためには、特別支援教育に関して、全ての教職員が一定の知識・技能等を有していること、特別支援学級や通級による指導を担当している教員等が特別支援教育に関する専門性の向上を図ることが必要である。さらに、インクルーシブ教育システムとは何かについて、教職員の理解を促していくことが重要である。

7−1　校内における専門性の向上のための取組
取組の状況
☐ ⑴　学校全体で、全ての教職員が、特別支援教育に関する知識について学ぶ仕組みを作っている。
☐ ⑵　特別支援学級や通級による指導の担当教員、特別支援教育コーディネーターの専門性の向上を図っている。
☐ ⑶　外部人材を活用し、学校全体としての専門性の向上を図っている。
上記以外の取組
「取組の状況」と「上記以外の取組」をあわせた上での判断 ☐ できている　☐ どちらとも言えない　☐ できていない　➤（＊☐ 重点的に取り組む必要がある） ＊左側の判断を踏まえて、今後、重点的に取り組む必要があると判断した場合に✔を入れてください。
インクルーシブ教育システム構築の推進に向けた重点的取組の方策案 （上段で、「重点的に取り組む必要がある」と判断した場合に記入してください）

インクル COMPASS

7-2 校内における研修の実施

取組の状況

☐ (1) 校内において特別支援教育に関する研修を実施している。

☐ (2) 校内においてインクルーシブ教育システムに関する研修を実施している。

上記以外の取組

「取組の状況」と「上記以外の取組」をあわせた上での判断

☐ できている　　☐ どちらとも言えない　　☐ できていない　　➤　（＊☐ 重点的に取り組む必要がある）

＊左側の判断を踏まえて、今後、重点的に取り組む必要があると判断した場合に✔を入れてください。

インクルーシブ教育システム構築の推進に向けた重点的取組の方策案
（上段で、「重点的に取り組む必要がある」と判断した場合に記入してください）

インクルーシブ教育システムを推進し、主体的取組を支援するための観点

インクル COMPASS

7-3　校外研修を活用した理解・専門性の向上
取組の状況
☐　⑴　市区町村教育委員会等が主催する特別支援教育に関する研修に教職員が参加している。
☐　⑵　市区町村教育委員会等が主催するインクルーシブ教育システムに関する研修に、教職員が参加している。
☐　⑶　研修を受けた教職員は、その内容を他の教職員に伝達している。
上記以外の取組
「取組の状況」と「上記以外の取組」をあわせた上での判断 　☐　できている　　☐　どちらとも言えない　　☐　できていない　　➤　（＊☐　重点的に取り組む必要がある） 　　　　　＊左側の判断を踏まえて、今後、重点的に取り組む必要があると判断した場合に✔を入れてください。
インクルーシブ教育システム構築の推進に向けた重点的取組の方策案 （上段で、「重点的に取り組む必要がある」と判断した場合に記入してください）

インクルーシブ教育システムを推進し、主体的取組を支援するための観点

インクル COMPASS

特別支援学校用

●観点１ 体制整備

　特別支援教育は、インクルーシブ教育システムを推進する上で不可欠なものである。特別支援学校においては、地域の園、小・中学校、高等学校等の特別支援教育を推進する体制を整備していくための中核的な役割が求められている。具体的には、センター的機能として園、小・中学校、高等学校等の教員への支援や情報提供、発達障害を含む障害のある幼児児童生徒への指導・支援等が求められており、そのための体制整備が必要である。また、インクルーシブ教育システムの推進においては、関係機関との連携も欠かせず、そのための体制整備も重要である。

1－1　センター的機能を発揮するための体制整備

取組の状況
☐　⑴　センター的機能を担当する分掌（例えば、地域支援部等）や組織を設けている。
☐　⑵　学校として果たすべきセンター的機能について学校経営方針に明確化している。
☐　⑶　センター的機能の具体的内容について明確にしている。
☐　⑷　関係諸機関との連絡・調整のための体制を作っている。
☐　⑸　地域内の園や学校からの相談に対して組織で対応できる体制を作っている。
☐　⑹　地域内の園や学校に在籍している発達障害を含む障害のある幼児児童生徒への指導・支援に対応できる体制を作っている。
☐　⑺　地域内の園・学校からの研修希望に対応する支援体制を作っている。

上記以外の取組

「取組の状況」と「上記以外の取組」をあわせた上での判断

☐　できている　　　☐　どちらとも言えない　　　☐　できていない　➤（＊☐　重点的に取り組む必要がある）
　＊左側の判断を踏まえて、今後、重点的に取り組む必要があると判断した場合に✔を入れてください。

インクルーシブ教育システム構築の推進に向けた重点的取組の方策案
（上段で、「重点的に取り組む必要がある」と判断した場合に記入してください）

インクルーシブ教育システムを推進し、主体的取組を支援するための観点

インクル COMPASS

1－2　地域への理解・啓発
取組の状況
☐ ⑴　例えば、学校だよりや学校HP等で、地域住民に特別支援教育に関する理解・啓発を行っている。
☐ ⑵　地域住民に運動会や文化祭等の学校行事を案内している。

上記以外の取組

「取組の状況」と「上記以外の取組」をあわせた上での判断

☐ できている　　　☐ どちらとも言えない　　　☐ できていない ➤ （＊☐ 重点的に取り組む必要がある）
＊左側の判断を踏まえて、今後、重点的に取り組む必要があると判断した場合に✔を入れてください。

インクルーシブ教育システム構築の推進に向けた重点的取組の方策案
（上段で、「重点的に取り組む必要がある」と判断した場合に記入してください）

インクル COMPASS

1－3　地域の関係機関との連携のための体制整備

取組の状況

☐　⑴　設置者である都道府県教育委員会（市区町村教育委員会、特別支援教育センター、教育事務所等を含む）と連携するための体制を整備している。

☐　⑵　特別支援学校間で連携する体制を整備している。

☐　⑶　外部の関係機関（例えば、福祉、医療、労働関係機関等）と連絡・調整を図るための体制を整備している。

上記以外の取組

「取組の状況」と「上記以外の取組」をあわせた上での判断

☐　できている　　　☐　どちらとも言えない　　　☐　できていない　➤　（＊☐　重点的に取り組む必要がある）
　　　　　　　　　　＊左側の判断を踏まえて、今後、重点的に取り組む必要があると判断した場合に✔を入れてください。

インクルーシブ教育システム構築の推進に向けた重点的取組の方策案
（上段で、「重点的に取り組む必要がある」と判断した場合に記入してください）

インクルーシブ教育システムを推進し、主体的取組を支援するための観点

インクル COMPASS

特別支援学校用

1－4　管理職のリーダーシップ
取組の状況
☐ ⑴　特別支援教育コーディネーターが業務に専念できるように、複数名を指名する等の配慮をしている。
☐ ⑵　教員だけでなく、看護師や介助員等を活用できるよう配置している。
☐ ⑶　特別支援学校教諭免許状を取得していない教員が、免許を取得できるような配慮をしている。

上記以外の取組

「取組の状況」と「上記以外の取組」をあわせた上での判断

☐ できている　　　☐ どちらとも言えない　　　☐ できていない　➤（＊☐ 重点的に取り組む必要がある）
　　　　　＊左側の判断を踏まえて、今後、重点的に取り組む必要があると判断した場合に✔を入れてください。

インクルーシブ教育システム構築の推進に向けた重点的取組の方策案
（上段で、「重点的に取り組む必要がある」と判断した場合に記入してください）

インクル COMPASS

●観点2　施設・設備

　障害のある幼児児童生徒が、安全かつ円滑に学校生活を送ることができることに加えて、災害時の地域の避難場所としての利用も想定して、校内環境のバリアフリー化を進めることが求められる。さらに、在校生をはじめ卒業生や保護者、地域の人々に学校の施設を開放することで、交流の場等としての有効活用も期待される。加えて、地域の園、小・中学校、高等学校等に整備している教育支援機器や教材教具等を貸し出すことでの有効活用も期待される。

2-1　校内環境のバリアフリー化
取組の状況
☐　⑴　学校内のバリアフリー施設・設備※の整備状況を把握するために定期的に点検を行っている。
☐　⑵　学校内のバリアフリー施設・設備（多機能トイレ等）の整備に関する要望を、必要に応じて教育委員会に伝えている。
☐　⑶　災害発生時における学校施設の地域における役割を校内で共有している。
☐　⑷　災害発生時に特化した障害に対応可能なトイレや停電時でも医療用機器が利用できる防災設備（非常用電源等）の整備に関する要望を、必要に応じて教育委員会に伝えている。
上記以外の取組
「取組の状況」と「上記以外の取組」をあわせた上での判断 ☐　できている　　　☐　どちらとも言えない　　　☐　できていない　➤　（ *☐　重点的に取り組む必要がある） 　　　　　　　　＊左側の判断を踏まえて、今後、重点的に取り組む必要があると判断した場合に✔を入れてください。
インクルーシブ教育システム構築の推進に向けた重点的取組の方策案 （上段で、「重点的に取り組む必要がある」と判断した場合に記入してください）

※小・中学校、高等学校内のバリアフリー施設・設備としては、多機能トイレや視覚障害者誘導用ブロック、階段昇降機やエレベータ、障害者用駐車スペース等が考えられる。また、合理的配慮の提供に関する施設・設備としては、スロープや手すり、クールダウンスペース等の子どもが安心して過ごせる場所、雑音軽減のための緩衝材等が挙げられる。

インクルーシブ教育システムを推進し、主体的取組を支援するための観点

インクル COMPASS

2−2　卒業生や保護者、地域の人々への施設・設備の活用

取組の状況
☐　⑴　特別支援学校卒業生や地域の人々に、例えば体育館やプール等の施設を貸し出している。
☐　⑵　卒業生を対象とした研修会のために、校内の実習施設を活用している。
☐　⑶　特別支援学校卒業生と在校生の交流の場として、学校施設を活用している。
☐　⑷　卒業生や先輩保護者等によるピア・カウンセリングの場として学校施設を貸し出している。

上記以外の取組

「取組の状況」と「上記以外の取組」をあわせた上での判断

☐　できている　　　☐　どちらとも言えない　　　☐　できていない　➤　（＊☐　重点的に取り組む必要がある）

＊左側の判断を踏まえて、今後、重点的に取り組む必要があると判断した場合に✔を入れてください。

インクルーシブ教育システム構築の推進に向けた重点的取組の方策案
（上段で、「重点的に取り組む必要がある」と判断した場合に記入してください）

インクル COMPASS

特別支援学校用

2−3　教育支援機器等の整備・活用

取組の状況

- ☐ ⑴　教育支援機器や教材教具等の整備状況を把握している。

- ☐ ⑵　在籍している幼児児童生徒に必要なＩＣＴ等教育支援機器や教材教具等の整備についての要望を、必要に応じて教育委員会に伝えている。

- ☐ ⑶　地域内の園、小・中学校、高等学校等の要請に応じて、教育支援機器や教材教具等を貸し出している。

上記以外の取組

「取組の状況」と「上記以外の取組」をあわせた上での判断

☐ できている　　☐ どちらとも言えない　　☐ できていない ➤（＊☐　重点的に取り組む必要がある）
　　　　　　　＊左側の判断を踏まえて、今後、重点的に取り組む必要があると判断した場合に✔を入れてください。

インクルーシブ教育システム構築の推進に向けた重点的取組の方策案
（上段で、「重点的に取り組む必要がある」と判断した場合に記入してください）

インクルーシブ教育システムを推進し、主体的取組を支援するための観点

インクル COMPASS

●観点3　教育課程

　小・中学校の特別支援学級や通級による指導、高等学校の通級による指導の実施に当たっては、特別支援学校学習指導要領を参考にして、特別の教育課程を編成することが可能である。そのためにも、特別支援学校においては、障害のある児童生徒の実態に応じた教育課程編成・実施の参考となる実践を蓄積していくことが期待される。特に、特別支援学校の教育課程に特別に設けられている指導領域である自立活動の指導の充実を図ることは、特別支援学級に在籍、または通級による指導を受けている児童生徒の自立活動の指導の充実につながる。

　特別支援学校の教育課程の編成・実施においては、小・中学校、高等学校等の発達障害を含む障害のある児童生徒の学びの確保の視点から、「学びの連続性」を踏まえることが求められる。

3-1　自立活動の指導の充実
取組の状況
□　⑴　障害のある個々の幼児児童生徒の障害の状態や特性及び発達の程度等を把握している。
□　⑵　障害のある個々の幼児児童生徒のできることにも着目している。
□　⑶　障害のある個々の幼児児童生徒の実態把握に基づき、指導すべき課題を明確にしている。
□　⑷　実態把握から手順を踏まえて、指導目標（ねらい）及び指導内容を設定し、個別の指導計画を作成している。
□　⑸　自立活動の指導内容と合理的配慮の関係性を考慮して指導している。
上記以外の取組
「取組の状況」と「上記以外の取組」をあわせた上での判断 □　できている　　　□　どちらとも言えない　　　□　できていない　➤　（＊□　重点的に取り組む必要がある） ＊左側の判断を踏まえて、今後、重点的に取り組む必要があると判断した場合に✔を入れてください。
インクルーシブ教育システム構築の推進に向けた重点的取組の方策案 （上段で、「重点的に取り組む必要がある」と判断した場合に記入してください）

3－2　学びの連続性の重視

取組の状況

☐　⑴　学習指導要領の方針を踏まえて、教育課程を検討している。

☐　⑵　小・中学校と特別支援学校との間での柔軟な転学や、中学校から特別支援学校高等部への進学等の可能性を踏まえて、教育課程を検討している。

☐　⑶　知的障害のある児童生徒においては、特に必要のある場合には、実態を踏まえて、小・中学校の各教科の目標や内容を参考にして指導を行っている。

☐　⑷　学びの連続性を踏まえて、個別の教育支援計画を活用している。

☐　⑸　学びの連続性を踏まえて、個別の指導計画を活用している。

☐　⑹　教科等の内容の連続性を踏まえて、指導計画を作成している。

☐　⑺　障害の特性を踏まえた「主体的・対話的で深い学び」の視点を踏まえて、授業改善を行っている。

上記以外の取組

「取組の状況」と「上記以外の取組」をあわせた上での判断

☐　できている　　☐　どちらとも言えない　　☐　できていない　➣　（＊☐　重点的に取り組む必要がある）
＊左側の判断を踏まえて、今後、重点的に取り組む必要があると判断した場合に✔を入れてください。

インクルーシブ教育システム構築の推進に向けた重点的取組の方策案
（上段で、「重点的に取り組む必要がある」と判断した場合に記入してください）

インクルーシブ教育システムを推進し、主体的取組を支援するための観点

インクル COMPASS

●観点4　指導体制

　特別支援学校がセンター的機能を果たす上で必要不可欠な専門性は、外部専門家や関係機関と連携することで、その向上に努めることが大切である。こうした取組は、地域の園、小・中学校、高等学校等からの要請に応じる際に、ニーズに応じた情報提供や支援につながる。

4－1　外部専門家や関係機関との連携
取組の状況
☐　(1)　特別支援学校の専門性の向上のために、外部専門家（例えば、臨床心理士、言語聴覚士（ST）、作業療法士（OT）、理学療法士（PT）等）と連携している。
☐　(2)　外部専門家と事例検討会を行っている。
☐　(3)　外部専門家からの助言を校内全体で共有している。
☐　(4)　外部専門家からの助言を自立活動の指導に活用している。
☐　(5)　地域の園、小・中学校、高等学校等のニーズに応じた情報提供や支援を行うために、外部専門家や関係機関と連携している。
☐　(6)　他の特別支援学校と連携して、地域の園、小・中学校、高等学校等を支援している。
☐　(7)　地域の園、小・中学校、高等学校等への巡回相談の際に、外部専門家が同行している。
☐　(8)　関係機関（例えば、医療機関、福祉機関、企業等）と連携した相談会を実施している。
上記以外の取組
「取組の状況」と「上記以外の取組」をあわせた上での判断 ☐　できている　　　☐　どちらとも言えない　　　☐　できていない　➤　（＊☐　重点的に取り組む必要がある） 　　　　　　　　　＊左側の判断を踏まえて、今後、重点的に取り組む必要があると判断した場合に✔を入れてください。
インクルーシブ教育システム構築の推進に向けた重点的取組の方策案 （上段で、「重点的に取り組む必要がある」と判断した場合に記入してください）

インクル COMPASS

●観点5　交流及び共同学習

　交流及び共同学習は、障害のある幼児児童生徒が地域に根差して豊かな生活を送り、社会参加するために重要な教育活動である。このため、周囲が、日々の授業やスポーツ、文化・芸術活動等での交流を通して、障害のある幼児児童生徒の特性や可能性を知ること、また、障害のある幼児児童生徒と障害のない幼児児童生徒の相互理解を図ることが大切である。

5－1　交流及び共同学習の推進のための具体的な取組
取組の状況
☐　⑴　学校独自で交流及び共同学習推進のための手引きやガイドライン等を作成している。
☐　⑵　教育委員会、文部科学省等が作成している交流及び共同学習推進のための手引きやガイドライン等を活用している。
☐　⑶　交流及び共同学習を推進するための分掌を校務分掌に位置づけている。
☐　⑷　交流及び共同学習が継続的・計画的に行われるように、年間計画を作成している。
☐　⑸　各教科やスポーツ、文化・芸術活動等を教育課程に位置づけて交流及び共同学習を実施している。
☐　⑹　交流先と定期的に連絡会や協議会、打合せ等を行っている。
☐　⑺　学校間交流を実施している。
☐　⑻　学校間交流を行っている学校と、教員の付き添いや時間割を調整している。
☐　⑼　居住地校交流を実施している。
☐　⑽　居住地校交流を行っている学校と、教員の付き添いや時間割を調整している。
☐　⑾　交流先と事後連絡会等を行い、課題を共有している。
上記以外の取組
「取組の状況」と「上記以外の取組」をあわせた上での判断
☐　できている　　　☐　どちらとも言えない　　　☐　できていない ➤ （＊☐　重点的に取り組む必要がある） ＊左側の判断を踏まえて、今後、重点的に取り組む必要があると判断した場合に✔を入れてください。
インクルーシブ教育システム構築の推進に向けた重点的取組の方策案 （上段で、「重点的に取り組む必要がある」と判断した場合に記入してください）

インクル COMPASS

5−2　地域への理解・啓発

取組の状況

☐　⑴　障害のある者とない者が相互に理解し合うための「心のバリアフリー」※学習を実施している。

☐　⑵　地域資源を活用し、地域住民との交流を行っている。

☐　⑶　放課後や休日に在校生や卒業生、地域の障害のある幼児児童生徒、地域住民等が気軽にスポーツ活動等に参加できるように学校を開放している。

☐　⑷　放課後や休日に地域で開催するスポーツ大会や作品展示会等地域の活動に参加している。

上記以外の取組

「取組の状況」と「上記以外の取組」をあわせた上での判断

☐　できている　　　☐　どちらとも言えない　　　☐　できていない　➤　（＊☐　重点的に取り組む必要がある）

＊左側の判断を踏まえて、今後、重点的に取り組む必要があると判断した場合に✔を入れてください。

インクルーシブ教育システム構築の推進に向けた重点的取組の方策案
（上段で、「重点的に取り組む必要がある」と判断した場合に記入してください）

※「心のバリアフリー」とは、学校における交流及び共同学習を通じた障害者理解（心のバリアフリー）の推進事業のことです。本事業は、障害者の権利に関する条約や障害者基本法の規定等を踏まえ、2020年オリンピック・パラリンピック東京大会の開催を契機として、障害のある子どもと障害のない子どもが一緒に障害者スポーツを行う、障害者アスリートの体験談を聞くなどの障害者スポーツを通した交流及び共同学習を実施することにより、互いの個性や多様性を認め合える共生社会の形成に向けた取組につなげるとともに、インクルーシブ教育システム構築のための特別支援教育の推進に資するものです。

インクル COMPASS

●観点6　移行支援

　発達障害を含む障害のある幼児児童生徒に対しては、可能な限り早期から成人に至るまでの一貫した支援を行うことが求められている。このため、特別支援学校は、早期から発達障害を含む障害のある幼児や特別な配慮を必要とする幼児とその保護者に対して、相談に応じたり、必要に応じて支援を行ったりすることが必要である。また、発達障害を含む障害のある児童生徒の学びの場を柔軟に見直すことができることを踏まえて、必要に応じて転学に関する相談に応じることも求められる。さらに、発達障害を含む障害のある生徒の就労移行に関する情報提供も求められる。

6－1　就学・転学に係る相談・助言
取組の状況
☐　⑴　保護者に対して就学に関する情報提供を行っている。
☐　⑵　保護者に対して就学に向けた教育相談を行っている。
☐　⑶　保護者に就学先の学校見学等の機会を提供している。
☐　⑷　例えば、親子教室等を実施して、就学前の発達障害を含む障害のある幼児や特別な支援が必要な幼児とその保護者に対して支援を行っている。
☐　⑸　園からの発達障害を含む障害のある幼児の就学に関する相談に応じている。
☐　⑹　個別の教育支援計画の作成に当たって小・中学校の支援を行っている。
☐　⑺　必要に応じて、本人や保護者に対して転学に関する情報提供を行っている。
☐　⑻　必要に応じて、本人や保護者に対して転学に向けた教育相談を行っている。
上記以外の取組
「取組の状況」と「上記以外の取組」をあわせた上での判断
☐　できている　　☐　どちらとも言えない　　☐　できていない ➤（＊☐　重点的に取り組む必要がある） ＊左側の判断を踏まえて、今後、重点的に取り組む必要があると判断した場合に✔を入れてください。
インクルーシブ教育システム構築の推進に向けた重点的取組の方策案 （上段で、「重点的に取り組む必要がある」と判断した場合に記入してください）

インクルーシブ教育システムを推進し、主体的取組を支援するための観点

インクル COMPASS

特別支援学校用

6－2　職業教育・進路指導、就労に係る相談・助言

取組の状況

☐　⑴　高等学校の教員に対して、職業教育や進路指導についての助言を行っている。

☐　⑵　高等学校の生徒や保護者からの就労に係わる相談に応じている。

☐　⑶　高等学校の教員に対して、実習先や社会福祉施設を含む進路先についての情報を提供している。

☐　⑷　高等学校の教員に対して、就労支援機関に関する情報を提供している。

☐　⑸　特別支援学校が行う職業教育・進路指導に関する研修会や講演会を公開している。

☐　⑹　本人や保護者に対して、社会福祉施設を含む進路先についての情報提供をしている。

☐　⑺　個別の教育支援計画の作成に当たって高等学校の支援を行っている。

上記以外の取組

「取組の状況」と「上記以外の取組」をあわせた上での判断

☐　できている　　　☐　どちらとも言えない　　　☐　できていない　➤　（＊☐　重点的に取り組む必要がある）
　　　　　＊左側の判断を踏まえて、今後、重点的に取り組む必要があると判断した場合に✔を入れてください。

インクルーシブ教育システム構築の推進に向けた重点的取組の方策案
（上段で、「重点的に取り組む必要がある」と判断した場合に記入してください）

インクル COMPASS

●観点7　研修

　インクルーシブ教育システム構築のためには、全ての教職員が特別支援教育に関して一定の知識を有していることが求められる。特別支援学校においては、センター的機能として園、小・中学校、高等学校等の教員の特別支援教育についての専門性の向上やインクルーシブ教育システムに関する理解促進のための研修の実施や研修協力が求められる。このためには、特別支援学校の専門性の向上が不可欠となる。

7－1　センター的機能を発揮するための組織としての専門性の向上
取組の状況
☐ ⑴　教員一人ひとりの専門性の状況を把握する仕組みがある。 ☐ ⑵　学校全体の組織としての強みや課題が明らかになっている。
上記以外の取組
「取組の状況」と「上記以外の取組」をあわせた上での判断 ☐ できている　　　☐ どちらとも言えない　　　☐ できていない　➤　（＊☐ 重点的に取り組む必要がある） 　　　　　　　＊左側の判断を踏まえて、今後、重点的に取り組む必要があると判断した場合に✔を入れてください。
インクルーシブ教育システム構築の推進に向けた重点的取組の方策案 （上段で、「重点的に取り組む必要がある」と判断した場合に記入してください）

インクルーシブ教育システムを推進し、主体的取組を支援するための観点

インクル COMPASS

特別支援学校用

7－2　校内研修による専門性の向上

取組の状況
☐ ⑴ 校内において専門性の向上に関する研修を実施している。
☐ ⑵ 校内においてインクルーシブ教育システムに関する研修を実施している。

上記以外の取組

「取組の状況」と「上記以外の取組」をあわせた上での判断

☐ できている　　☐ どちらとも言えない　　☐ できていない ➤ （＊☐ 重点的に取り組む必要がある）

＊左側の判断を踏まえて、今後、重点的に取り組む必要があると判断した場合に✔を入れてください。

インクルーシブ教育システム構築の推進に向けた重点的取組の方策案
（上段で、「重点的に取り組む必要がある」と判断した場合に記入してください）

7−3　校外研修を活用した専門性の向上
取組の状況

☐　⑴　都道府県教育委員会等が主催する特別支援教育の専門性向上に関する研修に、教職員が参加している。

☐　⑵　都道府県教育委員会等が主催するインクルーシブ教育システムに関する研修に、教職員が参加している。

☐　⑶　研修を受けた教員が、研修内容を他の教職員へ伝達する機会を設けている。

上記以外の取組

「取組の状況」と「上記以外の取組」をあわせた上での判断

☐　できている　　　☐　どちらとも言えない　　　☐　できていない　➤　（＊☐　重点的に取り組む必要がある）
　＊左側の判断を踏まえて、今後、重点的に取り組む必要があると判断した場合に✔を入れてください。

インクルーシブ教育システム構築の推進に向けた重点的取組の方策案
（上段で、「重点的に取り組む必要がある」と判断した場合に記入してください）

インクルーシブ教育システムを推進し、主体的取組を支援するための観点

インクル COMPASS

特別支援学校用

7－4　園、小・中学校、高等学校等に対する研修の実施・協力

取組の状況
☐ ⑴　園や小・中学校、高等学校等の多様なニーズに応えられる研修プログラム、コンテンツを持っている。
☐ ⑵　学校や地域で、特別支援教育やインクルーシブ教育システムに関する研修会や講演会を実施している。
☐ ⑶　地域の園、小・中学校、高等学校等の教員も参加可能な校内研修会を実施している。
☐ ⑷　園、小・中学校、高等学校等からの要請に応じて、特別支援教育やインクルーシブ教育システムに関する研修の講師を派遣している。

上記以外の取組

「取組の状況」と「上記以外の取組」をあわせた上での判断

☐ できている　　　☐ どちらとも言えない　　　☐ できていない　➤　（＊☐　重点的に取り組む必要がある）
＊左側の判断を踏まえて、今後、重点的に取り組む必要があると判断した場合に✔を入れてください。

インクルーシブ教育システム構築の推進に向けた重点的取組の方策案
（上段で、「重点的に取り組む必要がある」と判断した場合に記入してください）

インクルーシブ教育システムを推進し、主体的取組を支援するための観点

インクル COMPASS

ナビゲーションシート 幼稚園・認定こども園・保育所用

Ⅰ. インクルーシブ教育システムの構築状況

	できている	どちらとも言えない	できていない	重点的に取り組む必要がある
観点1　体制整備				
(1-1)園内の支援に係る体制整備				
(1-2)周囲の幼児及び保護者の理解推進				
(1-3)地域への理解・啓発				
(1-4)管理職のリーダーシップに基づく園経営				
観点2　施設・設備				
(2-1)バリアフリー施設・設備の整備				
(2-2)合理的配慮の提供に関する施設・設備の整備				
(2-3)教育支援機器の整備				
(2-4)教室配置及び既存の教室の活用				
観点3　教育課程				
(3-1)教育課程の編成・実施				
観点4　指導体制				
(4-1)指導体制の整備・充実				
(4-2)地域の関係機関の連携				
(4-3)幼児及び保護者の理解推進				
観点5　交流及び共同学習				
(5-1)交流及び共同学習の実施のための具体的な取組				
(5-2)障害のある人との交流と理解・啓発				
観点6　移行支援				
(6-1)就学支援システムづくり				
観点7　研修				
(7-1)園内における専門性の向上のための取組				
(7-2)園内における研修の実施				
(7-3)校外研修を活用した理解・専門性の向上				

Ⅱ. インクルーシブ教育システム構築の推進に向けた重点的取組の方策案

優先順位	観点番号	方策案の概要
例	7	園全体で障害のある子どもや保護者を支援するために、特別支援教育についての理解を深める。
1		
2		
3		

［付録5］

インクルーシブ教育システムを推進し、主体的取組を支援するための観点

インクル COMPASS

ナビゲーションシート

小・中学校、高等学校用

Ⅰ．インクルーシブ教育システムの構築状況

	できている	どちらとも言えない	できていない	重点的に取り組む必要がある
観点1　体制整備				
(1-1)校内の支援に係る体制整備				
(1-2)周囲の児童生徒及び保護者の理解推進				
(1-3)地域への理解・啓発				
(1-4)管理職のリーダーシップに基づく学校経営				
観点2　施設・設備				
(2-1)バリアフリー施設・設備の整備				
(2-2)合理的配慮の提供に関する施設・設備の整備				
(2-3)教育支援機器の整備				
(2-4)教室配置及び既存の教室の活用				
観点3　教育課程				
(3-1)特別の教育課程の編成				
(3-2)特別の教育課程の実施				
観点4　指導体制				
(4-1)指導体制の整備・充実				
(4-2)地域の関係機関の連携				
(4-3)児童生徒及び保護者の理解推進				
観点5　交流及び共同学習				
(5-1)交流及び共同学習の実施のための具体的な取組				
(5-2)障害のある人との交流と理解・啓発				
観点6　移行支援				
(6-1)就学支援システムづくり				
(6-2)就労支援システムづくり				
観点7　研修				
(7-1)校内における専門性の向上のための取組				
(7-2)校内における研修の実施				
(7-3)校外研修を活用した理解・専門性の向上				

Ⅱ．インクルーシブ教育システム構築の推進に向けた重点的取組の方策案

優先順位	観点番号	方策案の概要（できるだけ具体的に記載してください）
例	4	通常の学級に在籍する障害のある生徒について、保護者や関係機関との協働により個別の教育支援計画を作成することを通して指導体制の充実を図る。
1		
2		
3		

インクルーシブ教育システムを推進し、主体的取組を支援するための観点

インクル COMPASS
ナビゲーションシート

特別支援学校用

Ⅰ. インクルーシブ教育システムの構築状況

	できている	どちらとも言えない	できていない	重点的に取り組む必要がある
観点１　体制整備				
(1-1)センター的機能を発揮するための体制整備				
(1-2)地域への理解・啓発				
(1-3)地域の関係機関との連携のための体制整備				
(1-4)管理職のリーダーシップ				
観点２　施設・設備				
(2-1)校内環境のバリアフリー化				
(2-2)卒業生や保護者、地域の人々への施設・設備の活用				
(2-3)教育支援機器等の整備・活用				
観点３　教育課程				
(3-1)自立活動の指導の充実				
(3-2)学びの連続性の重視				
観点４　指導体制				
(4-1)外部専門家や関係機関との連携				
観点５　交流及び共同学習				
(5-1)交流及び共同学習の推進のための具体的な取組				
(5-2)地域への理解・啓発				
観点６　移行支援				
(6-1)就学・転学に係る相談・助言				
(6-2)職業教育・進路指導、就労に係る相談・助言				
観点７　研修				
(7-1)センター的機能を発揮するための組織としての専門性の向上				
(7-2)校内研修による専門性の向上				
(7-3)校外研修を活用した専門性の向上				
(7-4)園、小・中学校、高等学校等に対する研修の実施・協力				

Ⅱ. インクルーシブ教育システム構築の推進に向けた重点的取組の方策案

優先順位	観点番号	方策案の概要
例	３	地域の人的・物的資源の情報を収集し、教育課程内での活用を促進することによって、地域に開かれた教育課程の編成及び実施を図る。
１		
２		
３		

謝　辞

　共生社会の形成に向けたインクルーシブ教育システムの構築のためには、各地域や園・学校がそれぞれの実情や特色等に応じた取組を進めていくことが求められています。

　また、国内外のインクルーシブ教育システムの構築に向けての取組においては、教職員が集団で討論をすることが重要あり、その過程で、自らの取組や考え方を振り返り、改善に取り組むことが大切であることが示唆されています。

　本研究所で提案した「インクル COMPASS」は、インクルーシブ教育システムの構築に向けて、取組の現状を把握し、課題や今後の方向性を見出すことのできるものを追求し、検討してきました。

　「インクル COMPASS」を活用いただいた研究協力機関からは、「学校として、インクルーシブ教育システムの構築に何から取り組めば良いのか分からないときに役立ち、学校の取組状況と強み・課題を確認することで、これから取り組むべきことが焦点化された」、「「インクル COMPASS」をチェックして自校の取組を振り返ることによって、よりよい実践につなげていくことが可能になるのではないかと思った」といった感想が出され、具体的な取組を提供いただきました。

　研究協力機関の園や学校における子どもたちの生き生きした活動を創りだしている姿、そして、教職員が互いの立場を理解し合いながら、共に子どもたちの教育活動を支え、可能性を引き出そうとされている様子から教育の素晴らしさと可能性を実感しました。実践の提供と学びの機会をありがとうございました。

　そして、各教育委員会及び教育センターの皆様や研究協力者の皆様におかれましても、専門的な見地から、多くのご示唆とアドバイス、ご協力をいただきましたことに、厚く御礼申し上げます。

　皆様のお力添えによって、本書を発刊するに至りました。今後、地域や園・学校等で活用されること、そして実践が展開されていくことを期待しています。

　最後になりましたが、本書の出版にあたり、ご協力いただいた多くの皆様に心から感謝申し上げます。

研究代表者
独立行政法人国立特別支援教育総合研究所
インクルーシブ教育システム推進センター
上席総括研究員　星　祐子

研究体制

星　祐子　　（インクルーシブ教育システム推進センター上席総括研究員）研究代表
◎柳澤亜希子　（インクルーシブ教育システム推進センター主任研究員）研究副代表
○金子　健　　（研究企画部上席総括研究員）
生駒良雄　　（インクルーシブ教育システム推進センター総括研究員）
廣島慎一　　（発達障害教育推進センター主任研究員）
土井幸輝　　（情報・支援部主任研究員）
○西村崇宏　　（発達障害教育推進センター研究員）
※横山貢一　　（前　発達障害教育推進センター総括研究員　平成 30 年度）
※滑川典宏　　（前　情報・支援部主任研究員　令和元年度）

◎、○は本書作成担当及び執筆者
※は平成 30 年度、令和元年度の研究分担者

以下の園・学校より事例をご提供いただきました。
学校法人育愛学園四季の森幼稚園
神奈川県横浜市立若葉台特別支援学校（横浜わかば学園）
千葉県船橋市立湊町小学校
千葉県船橋市立法田中学校
千葉県船橋市立船橋高等学校
静岡県袋井市立袋井北小学校
静岡県立袋井特別支援学校

本書は、平成30年度〜令和元年度基幹研究（横断的研究）（「我が国におけるインクルーシブ教育システムの構築に関する総合的研究−「インクルCOMPASS（試案）」の活用の検討−」）でまとめた研究協力機関の実践の一部を事例集としてまとめなおしたものです。

ここにヒントがある！
インクルーシブ教育システムを進める10の実践
−「インクルCOMPASS」で強みや課題をみつけよう−

令和3年3月22日　　初版第1刷発行

- ■編　著　　独立行政法人 国立特別支援教育総合研究所
　　　　　　（インクルーシブ教育システムチーム）
- ■発行人　　加藤 勝博
- ■発行所　　株式会社 ジアース教育新社
　　　　　　〒101-0054　東京都千代田区神田錦町 1-23　宗保第2ビル
　　　　　　TEL：03-5282-7183　FAX：03-5282-7892
　　　　　　E-mail：info@kyoikushinsha.co.jp
　　　　　　URL：https://www.kyoikushinsha.co.jp/

- ■イラスト　　岡村 治栄
- ■表紙・本文デザイン・DTP　　土屋図形 株式会社
- ■印刷・製本　　シナノ印刷 株式会社
Printed in Japan
ISBN978-4-86371-574-5
定価は表紙に表示してあります。
乱丁・落丁はお取り替えいたします。（禁無断転載）